图解少儿篮球训练游戏

聂博闻 主编

人民邮电出版社

北京

图书在版编目（CIP）数据

图解少儿篮球训练游戏 / 聂博闻主编. -- 北京：人民邮电出版社，2025. -- ISBN 978-7-115-65681-0

Ⅰ. G841.2-64

中国国家版本馆 CIP 数据核字第 2024B33581 号

免 责 声 明

内 容 提 要

本书由具有多年执教经验的聂博闻老师主编，旨在通过丰富多样的篮球游戏，提高学生对篮球运动的兴趣和技能。本书包含无球练习和有球练习两部分。无球练习通过"贴人""捕鱼"等游戏锻炼学生的临场应变和快速跑等能力；有球练习则借助"戴帽子""飞盘争夺战"等游戏增强学生的运、传、投球能力以及团队意识。

本书中的游戏形式多样，富有趣味性，不仅能让学生在游戏中锻炼身体，还能培养他们的规则意识、团队协作精神和竞争意识。本书是一本极具实用价值的篮球教学参考书，无论是体育老师还是篮球教练员，都可以从中获得丰富的教学资源和灵感。

◆ 主　　编　聂博闻
　　责任编辑　林振英
　　责任印制　彭志环

◆ 人民邮电出版社出版发行　　北京市丰台区成寿寺路 11 号
　　邮编　100164　　电子邮件　315@ptpress.com.cn
　　网址　https://www.ptpress.com.cn
　　北京天宇星印刷厂印刷

◆ 开本：700×1000　1/16
　　印张：8　　　　　　　　　　2025 年 4 月第 1 版
　　字数：162 千字　　　　　　 2025 年 4 月北京第 1 次印刷

定价：39.80 元

读者服务热线：(010)81055296　印装质量热线：(010)81055316
反盗版热线：(010)81055315

编委会

推荐序

　　人们常说兴趣是学习最好的起点，游戏则是提高兴趣最好的渠道。聂博闻老师主编的这本小学生篮球游戏指导书，为喜欢篮球运动的小学生提供了丰富多彩的篮球游戏活动，对培养他们参加篮球活动的兴趣带来了很大助力。

　　这本书是学校教科书的有效补充，真正实现了做中学、玩中学、学中思的教育理念，符合小学阶段学生的身心发展规律 。

　　篮球游戏活动，能够使学生的兴趣、爱好得到启发；思维、智力得到启迪；体能、毅力得到锻炼；习惯、技能得到培养；情绪、态度得到调整；人格、性格受到磨炼。因此，篮球游戏不仅仅是一种娱乐活动，它在小学生的成长过程中，能够培养他们的素质与素养。如此一举多得，何乐而不为呢？

　　希望这本书能够为从事小学生体育教育的老师们、从事小学生篮球普及训练的教练员们，提供参考与借鉴。

王守恒

前　言

　　体育游戏不同于一般的游戏，它要求参加人员在遵循一定游戏规则的前提下，通过身体运动来进行。这种运动与体力劳动一样，本身对人体便是一种锻炼。在篮球教学过程中，老师有意识地运用各种方式的体育游戏，吸引学生参与到游戏过程中，让他们亲身体验游戏本身富有的锻炼价值。体育游戏不仅能够促使学生发现体育运动的快乐，感受体育运动的灵动之美与竞技体育的激情，还可以达到锻炼学生身体、增强学生体育技能的目标。

目 录

第一部分 / 无球练习

第二部分 / 有球练习

第3章 运球篇

第4章
传球篇

第5章
投篮篇

无球练习

无球体育游戏与带球游戏相比难度较低，但对学生学习运动技术却具有积极的促进作用。看似简单的无球游戏，其实多以篮球基本功中的脚步为基础进行设计，除了能够增强学生的身体素质能力，还可以提高学生的脚步运用技巧，培养学生的练习兴趣，以及自觉遵守规则的意识、集中精力的习惯、创造性思维、积极思考问题的习惯、团队协作的能力。

第 1 章
热身篇

01 贴人

训练目标： 提高学生临场应变能力及快速跑的能力。

游戏时间： 3~5分钟。

游戏准备： 一块平整空旷的场地。

组织形式： 适合多人进行。选定追捕者和逃跑者各一人，其他学生站在圆圈线上，左右相邻的两人前后站立，每组间隔距离相等，做好游戏准备。

游戏步骤

发出指令，追逐开始，当逃跑者即将被摸到或者不再想要逃跑时，可以在圆形场地内外穿梭并选中其他任意一名学生为目标后，迅速站在其身前，并喊出"贴"的口令，表示完成逃跑任务交接。被选为目标的学生则接着逃跑，并寻找下一个目标，以此循环，直至被追捕者抓到，角色转换。

游戏规则

获胜条件： 在追捕者没有抓到逃跑者之前，逃跑者成功站到圆形场地中其他任意一名学生身前，逃跑者获胜；追捕者抓到逃跑者，追捕者获胜。

注意事项： 追捕者在追跑的过程中不能推、绊逃跑者。逃跑者在逃跑的过程中不能冲撞圆形场地上的学生。

游戏要点

追捕者快速奔跑；逃跑者集中注意力，迅速启动、及时躲避。

游戏变式

变式1：圆形场地上的学生可以前后两人并列站立进行游戏，逃跑者贴前面则后面人逃跑，贴后面则前面人逃跑。

变式2：逃跑者以圆形场地上的其他任意一名学生为目标，老师指定站在目标的左或右侧的位置，完成逃跑任务交接。

变式3：逃跑者任务交接时角色互换，下一个逃跑者变成追捕者。

变式4：追捕者在追逐逃跑者时，听到哨音后，角色转换，即追捕者变成逃跑者。

02 捕鱼

训练目标： 提高队员敏捷能力及团队协作的能力。

游戏时间： 3~5 分钟。

游戏准备： 一块平整空旷的场地。

组织形式： 适合多人进行。规定一个区域作为鱼塘，选定 1 名学生作为"网"，剩下学生作为"鱼"在鱼塘内自由地游动。

游戏步骤

发出指令，作为网的学生开始捕鱼，作为鱼的学生开始在规定场地内逃跑。作为鱼的学生被抓到后，转换身份，加入网的队伍，手拉手继续捕鱼，以此循环，直至胜利。

游戏规则

获胜条件：在规定时间内，鱼全部被抓则网获胜，反之，则鱼获胜。

注意事项：在捕鱼过程中，网内的学生必须保证时刻手拉手，因此只有网两边的学生可以用手捕鱼，其他网内学生只能通过缩小空间将鱼堵住，不能用手。如果网断了，则本轮抓捕的鱼就会全部跑掉，鱼在逃跑中不能用手断网，避免受伤。

游戏要点

作为网的学生之间积极沟通，确立捕鱼目标。相互配合，制造捕鱼陷阱。

游戏变式

可以在两块相同场地同时进行，设定时间进行比赛，先完成捕鱼的队伍获胜。

03 沿线追逐

训练目标: 提高学生临场应变能力及快速跑的能力。

游戏时间: 3~5 分钟。

游戏准备: 篮球场。

组织形式: 适合多人进行。学生在篮球场上沿线随意跑动,教师选定追捕者进行抓人。做好游戏准备。

游戏步骤

发出指令,追捕开始。逃跑者以场地上的线为逃跑路线,躲避追捕。追捕者也以场地上的线为追捕路线,进行追捕。追捕者抓住逃跑者后互换角色。

游戏规则

获胜条件:抓住逃跑者。

注意事项:追捕者在追跑的过程中不能推、绊逃跑者,不允许跨线和反跑。

游戏要点

逃跑者集中注意力,选择逃跑路线、及时躲避。

游戏变式

可以带球进行游戏。

04 长江黄河

训练目标： 快速激活肌肉，提高学生注意力和反应能力。

游戏时间： 3~5分钟。

游戏准备： 篮球场。

组织形式： 适合多人进行，将学生分成两组——长江队和黄河队。老师喊出队伍名称来确定一组学生为追捕者，另一组的学生为逃跑者，双方的安全区为身后的罚球区。

游戏步骤

每次各队各派出1名队员参赛，面对面站在篮球场中线两侧，间隔一臂距离。

听到指令后，逃跑者向身后安全区逃跑，追捕者进行追捕。

逃跑成功或追捕成功为本队加1分，以此循环，直至两队所有队员完赛。

游戏规则

获胜条件： 个人赛以逃跑者是否在进入安全区前被抓住为评判得分的标准。一个逃跑者成功跑入安全区则本队得1分；一个逃跑者在进入安全区前被抓住则追捕者组得1分。团队赛以积分形式评判输赢，积分多的队伍获胜。

注意事项： 不得缩短原规定距离，不得在追捕过程中拉拽和推搡。

游戏要点

注意力集中，听到指令后快速反应。

游戏变式

变式1：两人面对面时可以做任何形式的动作，如蹲、坐、小碎步、高抬腿等。

变式2：可以把队伍分为奇数队、偶数队。老师可以出一道简单的算术题，队员根据答案快速分辨自己是逃跑者还是追捕者，提高游戏难度。

05 三子棋

训练目标： 提高学生临场应变能力及快速跑的能力。

游戏时间： 3~5 分钟。

游戏准备： 篮球场、9 个敏捷圈、两种颜色的标志盘各 3 个（共 6 个）。

组织形式： 用 9 个敏捷圈摆成正方形的棋盘，以标志盘为棋子。3~5 人为一组，持一种颜色的标志盘，两组进行比赛。以接力的形式进行下棋。

游戏步骤

发出指令，游戏开始，学生携带标志盘下棋。同组的学生将棋子摆放在棋盘上。棋子摆放完毕后，如未形成一条线，则第 1 名学生开始挪动棋子。以此循环，直至摆成一条线。

游戏规则

获胜条件：相同颜色的标志盘摆成一条直线。

注意事项：不得抢跑；不得挪动对手的棋子，每人每次只能挪动一次棋子；不要踩到敏捷圈或标志盘，避免滑倒受伤。

游戏要点

学生要通过加速跑拉开与对手的距离，抢占下棋的先机，下棋时提高判断力。既要阻止对手成功，也要完成自己的任务。

06 抢圈圈

训练目标： 培养学生的竞争意识，进阶版可结合运球。

游戏时间： 3~5 分钟。

游戏准备： 篮球场、敏捷圈（数量比参与游戏的人数少一个）。

组织形式： 将所有敏捷圈围成间隔相同的一个圆，所有学生围着圆慢跑，并听口令抢圈。

游戏步骤

发出指令，所有学生开始慢跑。

在慢跑的过程中做蹲起、单脚跳、加速跑等动作。

老师发出"抢"的指令时，学生迅速抢占敏捷圈。

没有抢到敏捷圈的学生被淘汰，并拿走一个敏捷圈后游戏继续。

以此循环，直至剩下一个敏捷圈，抢到的学生成为胜者。

游戏规则

获胜条件：最后抢到敏捷圈的学生获胜。

注意事项：不得提前抢圈；不要推搡其他学生；抢圈时注意不要踩到敏捷圈，

避免滑倒受伤。

提醒学生用双脚抢占位置，扑倒无效。

游戏要点

学生要了解敏捷圈的位置，提高反应能力，注意脚下的移动速度；邻近敏捷圈被抢占后，学生要迅速观察，发现空位，及时抢占位置。

07 守护者

训练目标： 提高学生配合意识和感知能力。

游戏时间： 3~5 分钟。

游戏准备： 篮球场跳球区、1 个篮球。

组织形式： 适合 4~5 人进行。篮球放于跳球区中心，一人为进攻者，其余人为防守者，防守者面对篮球手拉手沿线滑步移动，进攻者在跳球区外随意移动。

游戏步骤

发出指令，开始计时，进攻者开始进攻。防守者手拉手通过左右滑步阻止进攻者冲进圈内。

进攻者抢到篮球则进攻时间结束。

以此循环，每人都要当一次进攻者并记录进攻完成时间。

游戏规则

获胜条件：用时最短的学生获胜。

注意事项：进攻者不得从防守者手拉手的空隙中穿过；不得推搡其他学生。防守者不得单独阻止进攻者进攻，必须在手拉手的前提下进行防守；防守者移动时注意不要撞到队友。

游戏要点

防守者要预判到进攻者进攻的位置并积极移动。

进攻者可以利用急停变向的方式欺骗防守者，找到空位进攻。

游戏变式

可以进行团体赛，分成进攻队和防守队两组，累计进攻队的时间，然后角色互换。进攻时间短的队获胜。

08 你追我赶

训练目标: 体会滑步的技术动作,通过游戏强化技术要点,提高学生反应能力。

游戏时间: 3~5分钟。

游戏准备: 5个标志盘。

组织形式: 适合2人及以上人数进行。用标志盘标记出一个圈,根据人数的多少控制圈的大小,所有学生站在圈外围,用滑步的移动方式躲避后一个人的触碰并积极触碰前一个人。

游戏步骤

发出指令,学生开始单方向绕圈移动。

通过快速滑步躲避其后一个人的触碰并追逐滑动方向上其前一个人。

听到老师"换"的指令后,学生立即改变移动的方向。

淘汰被触碰到的学生,其他人继续游戏。

以此循环,最后的学生成为胜者。

游戏规则

获胜条件: 最后的学生成为胜者。

注意事项: 根据老师规定的移动方式移动,违规触碰无效;不要踩到标志盘,以免滑倒受伤。

游戏要点

学生要在高速移动的过程中,保持注意力集中,同时要保持身体的稳定,以便在改变移动方向时能够更加快速地转换,从而取得优势。

游戏变式

可以采取多种移动方式,如跑、单脚跳等。

09 秋收忙

训练目标： 提高学生团队配合和反应
能力。
游戏时间： 3~5 分钟。
游戏准备： 篮球场、1 个篮球。
组织形式： 适合多人进行。将学生分成
两组，每组站成一排，进行
比赛。

游戏步骤

发出指令，传球开始，并开始计时。

排头人将球从头顶上方向后传，传球完毕后跑到队尾。

之后由第 2 名学生接球，像前一名学生那样从头顶上方向后传球，以此循环，
直至排头人再次成为本组的第一个人。

排头将球举过头顶，计时结束。

游戏规则

获胜条件：用时短的队伍获胜。

注意事项：用老师指定的方式传球。不得抢跑，如果出现没有接住球的情况，
则由传球人捡球后接着传球。

游戏要点

学生要集中注意力，相互配合把球传好，提高跑步速度。

游戏变式

可以增加不同方式的传球，如左右传球、胯下传球等。

10 打鸭子

训练目标： 提高学生移动能力、反应能力和注意力。

游戏时间： 3~5 分钟。

游戏准备： 篮球场、沙包（可替换）。

组织形式： 适合多人进行。将学生分成两组：猎人和鸭子。猎人围圈鸭子。老师根据游戏人数的多少确定猎人围圈的大小，圈内为鸭子活动区域。

游戏步骤

计时开始，猎人投掷沙包击打鸭子。

鸭子在圈内跑动躲避，鸭子被沙包击中后下场休息，表示"被捕"。

以此循环，直至全部鸭子被捕。

计时结束，两组互换角色。

游戏规则

获胜条件：根据猎人把鸭子全部击中所需时间的长短评判胜负，用时短者胜。

注意事项：躲避时要观察队友，避免相撞。

游戏要点

圈内学生要集中注意力，上下肢协调，配合躲避沙包。

圈外学生要判断好位置，快速精准投掷。

游戏变式

可以增加沙包的数量，投掷多个沙包。

⑪ 石头剪刀布

训练目标: 提高学生脚步灵活性和反应能力。
游戏时间: 3~5分钟。
游戏准备: 篮球场。
组织形式: 适合多人进行。将学生平均分成两组,分别站在两侧的罚球线上,间距均匀。

游戏步骤

发出指令,两组队员向中线跑动。

到中线附近时,两两一对,用双脚进行"石头、剪刀、布"的对决(石头=双脚并拢;剪刀=双脚前后开立;布=双脚左右开立)。

对决赢的学生转身向己方罚球线加速逃跑,输的学生追逐。

若逃跑者在到达己方罚球线前被追上,则追捕者得1分,否则逃跑者得1分。

游戏规则

获胜条件:逃跑者在到达罚球线前,是否被追上作为评判得分的标准,未被追上,则逃跑者得1分。两组累计得分高者获胜。

注意事项:在追跑的过程中,学生之间不得推搡和拉拽,以免受伤。

游戏要点

提高"石头、剪刀、布"判定输赢后追跑的反应速度。

游戏变式

可以改变输赢后的追跑方式,也可以带球逃跑和追逐。

(12) 抢锥桶

训练目标： 提高学生反应能力和动作速度。
游戏时间： 3~5 分钟。
游戏准备： 篮球场、若干锥桶。
组织形式： 适合多人进行。将学生分为两人一组（若干组）进行对决。将锥桶以均匀的间隔摆放一排。对决的两人站在锥桶两侧，面对面站立。

游戏步骤

两人面对面站立，降低重心，两人均距离锥桶一臂距离。
按照老师的指令做出相应动作（如摸鼻子、摸耳朵等）。
在老师鸣哨或发出指令后，快速争抢锥桶。

游戏规则

获胜条件：在听到指令后，抢到锥桶的学生获得胜利。
注意事项：不能缩短与锥桶的距离。做动作要完整，不得提前结束动作。

游戏要点

集中注意力，听到指令后快速完成动作，快速争抢锥桶。

游戏变式

变式 1：可以由简单的摸鼻子、摸耳朵等动作变为开合跳、收腹跳、立卧撑等动作。
变式 2：可以结合运球（如高运球、低运球、变向运球等）进行游戏。

(13) 老鹰捉小鸡

训练目标： 提高学生团队协作的能力。

游戏时间： 3~5 分钟。

游戏准备： 篮球场。

组织形式： 适合多人进行。指定 1 名学生为老鹰、1 名学生为母鸡，其余学生为小鸡。小鸡站在母鸡身后，拉住身前小鸡的衣服，排成一队。

游戏步骤

计时开始，母鸡张开双臂保护身后的小鸡，小鸡判断母鸡移动的方向，继续躲在母鸡身后。

老鹰通过积极快速的跑动抓捕躲在母鸡身后的小鸡。

计时结束，母鸡和老鹰互换角色。

游戏规则

获胜条件：计时结束后，根据老鹰抓住小鸡的数量来判定胜负。抓住小鸡多的获胜。

注意事项：老鹰只能捕捉母鸡身后最后的那只小鸡。

游戏要点

母鸡要时刻观察老鹰的站位与移动。小鸡要根据母鸡的移动，快速调整自己的位置。

14 叫号

训练目标： 提高学生的反应能力和快速启动能力。

游戏时间： 3~5 分钟。

游戏准备： 篮球场、1 个篮球。

组织形式： 适合多人进行。所有人围圈报数并记住自己的号码，老师选出其中一个人，站在圈中心进行叫号。

游戏步骤

游戏开始，一个人在中间将球抛向空中的同时，快速喊出之前报过的一个号码。

被叫到数字的人马上去接球，若球未落地，那么接球人可以再次把球垂直向上抛起，并叫出另一个之前报过的号码，以此类推。若球落地，那么接球人就要喊一声"定"。听到"定"后，所有人停止移动。接球人把球丢向任意的一个人，被碰到的人接受处罚，若没碰到，则丢球者接受处罚。

游戏规则

获胜条件：以接球人丢出的篮球是否碰到其他人的身体作为评判胜负的标准，碰到的获胜。

注意事项：喊"定"后不可以移动双脚，躲避球时不可以移动双脚。

游戏要点

对叫出来的数字快速反应。

㉖ 小会计

训练目标： 培养学生的快速反应和口算速度。

游戏时间： 3~5 分钟。

游戏准备： 篮球场。

组织形式： 适合多人进行。游戏开始前，老师规定每名学生代表不同的价格。然后所有学生排成一路或者两路纵队，沿着半场边线慢跑。听老师喊出一个价格后，学生相互组合形成这个价格。

游戏步骤

游戏开始，学生开始慢跑。老师喊出价格，学生进行组合。5 秒之内，没有组合成功的学生被淘汰。以此循环。

游戏规则

获胜条件：组合成教师指定的价格。

注意事项：在组合中不得推搡队友。

游戏要点

集中注意力，听到老师喊出数字后快速反应。

16 路线争夺战

训练目标： 提高学生反应速度和启动速度。

游戏时间： 3~5 分钟。

游戏准备： 篮球场。

组织形式： 适合多人进行。将所有学生平均分成两队，站于篮球场两个底角，两队以接力的形式在底线和罚球线之间相互进攻。

游戏步骤

发出指令，进攻开始。两队第 1 名学生分别沿底线和罚球线迅速跑动。相遇后进行"石头、剪刀、布"的游戏，输的人站回本队队尾，赢的人继续跑动。

两队第 2 名学生要时刻注意，本队输了之后要立刻出发。

率先到达对方阵地的队伍获胜。

游戏规则

获胜条件：率先到达对方阵地的队伍获胜。

注意事项：在接力过程中不能抢跑。

游戏要点

注意观察场上的形势，随时准备出发，快速反应，抢占有利路线。

(17) 喊号抓人

训练目标： 提高学生的反应能力和注意力。
游戏时间： 3~5分钟。
游戏准备： 篮球场。
组织形式： 适合多人进行。所有学生站成一排并报数，记住自己代表的数字，之后分散在半个球场上。

游戏步骤

游戏开始，老师随机喊出1名学生的号码，被喊到号码的学生开始抓人。在抓人的同时，老师喊出倒计时5秒。在倒计时5秒内，如果抓到人，被抓的学生接着抓人。以此循环，直到在5秒倒计时结束时抓人的学生没有抓到人，游戏结束。

游戏规则

获胜条件：在5秒内抓到人为获胜。
注意事项：在游戏过程中，不得推搡和拉拽，不要做危险动作。
　　　　　所有学生只能在半个球场内跑动。

游戏要点

听到老师喊出号码后做出快速的判断，在逃跑的同时尽量多利用急停急起以及变向动作。

18 抛球接力

训练目标： 提高学生的脚步移动能力、反应能力和专注力。

游戏时间： 3~5 分钟。

游戏准备： 篮球场、1 个篮球、1 个标志盘。

组织形式： 适合多人进行。学生在场地任意一处地方前排成一队站立，在队伍排头 2~3 米的位置（根据队员的能力调整标志盘的位置）放置 1 个标志盘，1 名学生持球站在标志盘的位置面对队伍，准备开始。

游戏步骤

教师发出指令即开始，持球学生垂直把球抛向空中，抛完球后迅速跑到队尾。

队伍排头队员迅速移动，接住篮球并转身再次把球垂直抛向空中，以此循环，直至所有人完成抛接球。

游戏规则

在抛接球过程中不能让球落地，根据学生能力规定抛球高度以及标志盘放置位置。

获胜条件

在抛接球过程中，球没有落地且所有人按规则完成比赛，判获得胜利，如果失误，则全队接受惩罚。

19 初识球场

训练目标: 提高队员反应和快速跑的能力。
游戏时间: 3~5 分钟。
游戏准备: 篮球场。
组织形式: 适合多人进行。学生在中线上站成一排,准备开始。

游戏步骤

游戏开始后,老师发出指令,喊出球场上任意一条线,在规定时间内,所有学生快速跑到老师喊出的线上站好。

学生站好后,老师再迅速发出指令,在规定时间内,学生再次快速判断并跑到线上站好。以此循环,直至有学生没有在规定时间内跑到指定线上,接受惩罚后,继续游戏。

游戏规则

学生快速反应判断老师指令,快速奔跑到指定线上站好。

所有学生按时间规定跑到老师所指定的线上,如果没有完成任务,则接受惩罚(如 10 个蹲起、20 个开合跳等)。

20 老师说

训练目标： 提高学生的反应能力和快速辨别能力。

游戏时间： 4~6 分钟。

游戏准备： 篮球场。

组织形式： 适合多人进行。所有学生两臂侧平举散开，老师控制距离，确定每个学生都能听到自己的声音。

游戏步骤

游戏开始后，老师要在每一个动作口令前加上"老师说"，以表明该口令有效，如"老师说，稍息"。

学生要注意听清老师的口令前有没有加上"老师说"，判断自己是否需要做该动作。

游戏规则

听清老师的口令并做出正确动作的学生获胜。

游戏要点

学生的注意力要集中，判断老师的口令后立即反应。

(21) 水字抓手

训练目标： 提高学生的反应能力。

游戏时间： 4~6 分钟。

游戏准备： 篮球场。

组织形式： 适合多人进行。所有学生站成一排，统一伸出自己的右手且掌心朝上，再伸出自己的左手，用食指点在左侧学生的掌心上。

游戏步骤

游戏开始后，老师先讲一个故事（故事中会有"水"字），学生听到"水"字后，用自己的右手抓住其他学生的左手并同时撤出自己的左手，避免被抓到。

故事如下：从前有座山，山里有座庙，庙里有一大一小两个和尚，小和尚名叫阿水。突然有一天，小和尚对老和尚说："师傅，我已经有很长时间没有回家了，想请假回去看望一下我的爸爸妈妈。"这时，师傅平静地看了看水面，觉得小和尚蛮可怜的，就说，"回去吧，阿水。"小和尚听了听，非常高兴，就蹦蹦跳跳地下山去了，走了一段路程，他觉得又累又渴，这时候他好想好想喝口茶，但是在这荒山野岭的，哪有茶水喝呀。

游戏规则

获胜条件： 在听到"水"字后迅速抓住其他同学的左手同时没有被其他学生抓住自己左手的人获胜。

注意事项： 没有听到水字，不能移动自己的左手和去抓别人的左手。

游戏要点

注意力集中，听到"水"字之后迅速反应，右手抓、左手撤。

(22) 地鼠钻山洞

训练目标：提高学生的反应能力和团队协作能力。

游戏时间：4~6分钟。

游戏准备：篮球场、1个篮球。

组织形式：适合多人进行。6个人为一组，前后站立并依次报数，老师手拿篮球站在篮球场的中圈位置。

游戏步骤

游戏开始后，老师将自己手中的篮球随意滚向球场的任意位置。

6名学生要迅速地跑到篮球所在的位置，并按照报数的顺序，使篮球依次从每个人的双腿之间穿过。

篮球穿过最后一人的双腿后，由最后一名学生将球滚回老师的手里，滚回的过程中，同样需要确保篮球按照倒序的形式穿过学生的双腿之间，最后再回到老师的手里。

以此循环，篮球传回到老师手中5次结束。

游戏规则

获胜条件：完成5次挑战的队伍获胜。

注意事项：篮球必须按照顺序从学生的双腿之间穿过，学生不得打乱顺序，篮球碰到某一名学生的腿部而改变了方向后，下一名学生也可以改变方向继续游戏，但篮球一旦滚出边线则挑战失败。

游戏要点

学生要通过快速移动和相互提醒，使篮球顺利穿过双腿之间。

23 躲避炸弹

训练目标： 提高学生的反应能力和灵活性以及对空间的感知能力。

游戏时间： 4~6分钟。

游戏准备： 篮球场半场、15个标志盘、1个瑜伽球。

组织形式： 适合多人进行。以篮球场半场的范围作为雷区，将15个标志盘均匀摆放在半场内作为地雷，2名老师分别站在中线和底线位置，其中一人手拿瑜伽球作为大炸弹。

游戏开始后，所有学生在半场内自由移动。

2名老师来回扔瑜伽球，攻击场地内的学生，学生来回跑动进行躲避。

游戏规则

获胜条件： 在规定时间内没有被淘汰的学生获胜。

注意事项： 学生在场地内踩到地雷、被瑜伽球砸中和踩到雷区以外的位置，均被淘汰。

游戏要点

学生要注意观察瑜伽球和标志盘的位置，选择躲避的路线，避免碰到瑜伽球和标志盘。

在游戏过程中，学生要注意观察场地和其他学生的位置，避免踩到标志盘或撞伤其他学生。

游戏变式

变式1：可以再增加1个到2个瑜伽球进行攻击，增加游戏难度。

变式2：可以让学生运球躲避，提高学生的篮球技能。

(24) 龙卷风跑

训练目标： 提高学生的团队协作能力。

游戏时间： 4~6 分钟。

游戏准备： 标志杆 2 个、标志旗 4 面、低障碍物 2 个。

组织形式： 适合中、高年级学生进行。3 人为一组，每个团队有 4~5 组，两组同时比赛，将标志旗和低障碍物摆放在同一条直线上，3 名学生手持标志杆站成一排在底线做准备。

游戏步骤

听到哨声后，各组学生开始持长杆奔跑，跑到中间旗帜的位置时，按逆时针方向做集体绕杆动作（形似旋风），绕过旗帜后继续向前跑；跑到第 2 个旗帜位置时，按顺时针方向做集体绕杆动作，绕过旗帜后向回跑，途中还要集体跳过一个低的障碍物。

第一组学生跑回起点线后，第二组学生接过长杆继续赛跑，以此形成接力。

待各组全体学生都跑完后，比赛结束。

游戏规则

获胜条件：按结束的顺序决定胜负。先到达终点的一组获胜。

注意事项：必须按照规定路线进行跑动，跑动过程中，双手要始终抓住标志杆。

游戏要点

在练习的过程中，大家同心协力，内圈的学生要等着外圈的学生同时跑动。

注意事项：在游戏过程中，要保持身体协调，避免摔倒受伤。

(25) 小螃蟹运货物

训练目标: 提高学生之间的熟悉度和协作能力。

游戏时间: 4~6 分钟。

游戏准备: 篮球场、2 个标志桶、2 个气球。

组织形式: 适合多人进行。将所有学生分为两队,每队两人为一组面对面站立,排成一列站在底线的位置,第一组学生其中一人手拿气球。将 2 个标志桶摆放在篮球场中线的位置。

游戏步骤

游戏开始后,2 名学生用头将气球夹住,向中线的标志桶位置移动,绕过标志桶后返回,将球传给下一组的队友后站在队尾。下一组队友将球夹住后继续向标志桶前进。以此循环,直至本队所有学生完成动作。

游戏规则

获胜条件:哪个队伍用时较少即获胜。

注意事项:如比赛中气球掉落在地上,则需要 2 名学生将球捡回后,在球落地的位置继续比赛。

2 名学生要按照老师规定的动作完成货物的运输,不得抢跑,运输过程中要绕过标志桶。

游戏要点

游戏过程中,两人要相互配合,将球夹住,才能保证以最快的速度移动。

游戏变式

变式 1:可以通过各种方式来运货,比如用后背将货物夹住,或用双手共同顶住货物。

变式 2:可以将气球换为其他更重的器材,提高游戏难度。

26 保卫彩旗

训练目标： 提高学生横向移动的能力，增强学生团结协作的意识。

游戏时间： 4~6 分钟。

游戏准备： 篮球场半场、1件标志坎肩。

组织形式： 适合多人进行。5 人为一组，选出 1 人作为进攻者（身着标志坎肩），其他 4 人双手互搭在彼此的肩上，围成一个圈，老师将彩旗挂在其中任意一人的身后。

游戏步骤

游戏开始后，进攻者开始左右移动，准备抢夺彩旗。4 名守护者通过左右移动使圆圈转动，避免彩旗靠近进攻者。进攻者在规定时间内抓到彩旗，则与守护彩旗的学生交换位置。

游戏规则

获胜条件： 在规定时间内，进攻者将彩旗抓住则获胜。

注意事项： 如进攻者抓住彩旗，则与守护彩旗的学生交换位置，所有守护彩旗的学生一起接受惩罚。如进攻者在规定时间内没有抓住彩旗，则进攻人接受惩罚，同时重新选择彩旗守护者，游戏继续。

守护者在移动时注意脚下步伐，不要踩到或绊倒其他守护者导致其受伤。

游戏要点

4 名学生要同心协力，相互交流，以便更加快速地转变方向，使彩旗远离进攻者，避免彩旗被进攻者抓到。

(27) 加减乘除

训练目标: 提高学生腿部与核心稳定力量。

游戏时间: 4~6分钟。

游戏准备: 篮球场、1个沙包。

组织形式: 两人一组进行游戏,分别站在篮球场中线的两侧,面对面站立,以石头、剪刀、布猜拳的形式获得沙包的优先处理权。

游戏步骤

游戏开始后,先获得沙包处理权的学生,用双脚脚尖夹住沙包向前"踢"出。

沙包停止滚动后,另一名学生可以迈出3步(3步为加、减、乘),到达沙包的位置,用"除"将沙包以同样的方式"踢"到对方的大本营。

游戏规则

获胜条件: 使对方没有通过加、减、乘三步到达沙包地点的学生获胜。

双脚未能将沙包"踢"过中线则对方获胜。

注意事项: 学生只能用双脚夹住沙包并"踢"出,其他方式无效。

加、减、乘三步,如果提前到达沙包位置,可携带沙包再次移动,完成三步后再将沙包"踢"出。

"踢"沙包的过程中,学生要保持核心稳定,避免失去重心,摔倒在地上。

游戏要点

尽量用最少的步数到达沙包所在的位置,然后利用剩余的步数带动沙包远离对方的位置,使对方三步之内不能到达沙包所在位置或无法"踢"过中线而取得胜利。

(28) 闯城

训练目标： 锻炼学生的躲避能力和手脚协调能力。

游戏时间： 4~6 分钟。

游戏准备： 2 根粉笔。

组织形式： 将所有学生分为两组，一组为闯城者，一组为守城者。用 2 根粉笔间作为记号笔，间隔 50cm 画一个田字格。田字格为城池，守城人站在田字格的线上（线宽 50cm），闯城者统一站在田字格外的一侧。

游戏步骤

游戏开始后，闯城者从田字格的一侧进入田字格，穿过 2 个格子后，跑到田字格的对面。守城者在田字格的线上阻止，闯城者闯城。以此循环，角色互换。

游戏规则

获胜条件： 闯城者闯过田字格则获胜，用手摸到守城者的头部以下和膝盖以上的部位，守城者淘汰。

守城者以淘汰所有闯城者作为获胜条件，摸到闯城者的头部以下和膝盖以上的部位，闯城者淘汰。

注意事项： 在游戏过程中不要用力击打对方，触碰到规定部位即可，要避免受伤。

游戏要点

闯城者和守城者要注意集中保护自己头部以下和膝盖以上的部位，闯过或守住城池，想尽办法将对方淘汰。

第 2 章
身体素质篇

01 十字跑

训练目标： 让学生体会加速中突然变向时脚掌如何发力。

游戏时间： 5~8 分钟。

游戏准备： 篮球场地、9 个标志桶。

组织形式： 适合多人进行。把 9 个标志桶摆成十字形状，根据学生的身体素质控制摆放的距离。让学生分成两组，分别站在十字形状的两端。

游戏步骤

老师发出指令，游戏开始。每组第 1 名学生加速冲刺，遇到中间的标志桶后向右转；摸到最外侧的标志桶后，原路返回。率先回到出发点的学生在这一回合中成为胜利者，得 1 分。

游戏规则

获胜条件：率先回到出发点的学生在这一回合中得分。

比赛全部结束后核算，得分高的组获胜。

注意事项：跑动前检查鞋底和鞋带，避免摔倒。

游戏要点

变向要注意快速、及时、启动积极。

02 撕名牌

训练目标: 提高学生的移动速度和感知能力。

游戏时间: 10分钟。

游戏准备: 篮球场、2组人数相同的学生、2种颜色标志坎肩(可替代)若干。

组织形式: 适合多人进行。将学生分成2组。每组学生把相对应的标志坎肩固定在身后。在半场赛中,抢拽对方的标志坎肩。

游戏步骤

老师发出指令,游戏开始。2组队员分别从边线向对方发起冲击。学生需将对方的标志坎肩扯下,即可淘汰对手。

游戏规则

获胜条件:把对手全部淘汰的一组获胜。

注意事项:在抢夺坎肩的过程中,注意安全。

游戏要点

注意观察场上的局势,及时判断有利的进攻机会并且灵活躲闪,防止自己的坎肩被对手扯掉。

游戏变式

变式1:可以利用不同的移动方式进行比赛,如单脚跳、双脚跳等。

变式2:球性好的学生可以带球进行比赛(运球失误时扯下标志坎肩无效),以提高游戏难度。

03 过河拆桥

训练目标： 提高学生跳跃和加速跑的能力。

游戏时间： 8分钟。

游戏准备： 敏捷圈6个、标志桶4个。

组织形式： 适合6~10人进行。用标志桶摆出2条距离相同的直线。把学生分成2组且每组人数相同，排成一列站在标志桶的一端。前面的3名学生每人拿1个敏捷圈。

游戏步骤

老师发出指令后，游戏开始。

排头的学生带着敏捷圈双脚向前跳跃一次，放下敏捷圈，加速跑到对面，触摸到标志桶后返回。

第2名学生与第1名学生击掌后方可出发，在跳进第1个敏捷圈后再次跳跃，将第2个敏捷圈放下，加速跑到对面，触摸标志桶后再返回。

第3名学生与第2名学生击掌后，连续跳进2个敏捷圈后再次跳跃，将第3个敏捷圈放下，加速跑到对面，触摸标志桶后再返回。

第4名学生与第3名学生击掌后，跑到第1个敏捷圈的位置拿起敏捷圈，连续2次跳进敏捷圈后再次跳跃，放下敏捷圈，触摸到标志桶后返回。

游戏规则

获胜条件： 率先把敏捷圈移动到标志桶位置的队伍获胜。

注意事项： 跳圈时注意跳跃距离要视本组所有学生的能力而定，以免因为跳不到敏捷圈内导致游戏失败。

游戏要点

提高跳跃的准确性和跑步速度。

04 看手势加速跑

训练目标： 提高学生的反应能力以及转身加速能力。

游戏时间： 5~8 分钟。

游戏准备： 篮球场。

组织形式： 适合多人进行。将学生平均分成 4 组，每局每组各派出 1 名学生参赛。间隔均匀地站在罚球线及罚球线延长线上。

游戏步骤

游戏开始后，所有学生背对终点，观察老师手势。

老师以手势作为起跑口令，伸出左手，学生看到后迅速向左转身加速跑；老师伸出右手，学生看到后迅速向右后转身加速跑。

游戏规则

不得抢跑，不得阻挡其他学生，违反者直接判输。

转错方向直接给对方加 1 分，两组同时转错则游戏重新开始。

获胜条件：率先跑到终点的学生得 1 分，最后一名受惩罚。游戏结束后，累计得分最高的一组获得最终胜利。

游戏变式

变式 1：老师可以站在学生背后，以击掌声为起跑指令，一声是原地不动，两声为转身加速跑。

变式 2：老师可以增加手势，向上指为收腿跳，向下指为波比跳，向左指为左转弯跑，向右指为右转弯跑(还可以让学生做出与口令表达意思相反的动作)。

05 抢占高地

训练目标：提高学生压低重心的能力。

游戏时间：5~8 分钟。

游戏准备：空场地、5 个标志桶。

组织形式：适合多人进行。将学生平均分成 2 组，每局每组各派出 1 名学生参赛。篮球场中圈的圆点上摆放 1 个标志桶；中圈两侧面对罚球线的方向各摆放 1 个标志桶；罚球线正对中圈标志桶的位置再摆放 1 个标志桶。2 名学生面对中圈上的标志桶站立。

游戏步骤

游戏开始后，老师发出指令，学生立即拿起面前的标志桶，转身向身后的标志桶加速跑；绕过标志桶后加速跑向位于中线上的标志桶；学生把手里的标志桶扣在中线的标志桶上，率先完成的学生得 1 分。以此循环，直到所有学生比赛完毕。

游戏规则

不得抢跑，必须双脚都绕过标志桶。

获胜条件：率先把手里标志桶扣在位于中线的标志桶上的学生获胜。游戏结束后，累积得分最高的队伍获得最终胜利。

游戏变式

变式 1：可以增加线路上的标志桶数量，增加绕桶跑的次数。

变式 2：可以在沿途增设敏捷圈或标志物，规定完成动作 (深蹲、收腿跳、波比跳)。

06 拨球成圆

训练目标： 增强学生四肢的力量，提高稳定性。

游戏时间： 3~5 分钟。

游戏准备： 1 个篮球、与人数相同的标志盘。

组织形式： 适合多人进行。把学生分成 2 组。用标志盘摆放成 2 个大小相同的圈。学生以俯卧撑的姿势，位于标志盘的后面。

游戏步骤

老师发出指令后，学生用手拨动篮球，传给下一名学生。以此循环，尽量确保传球路径的形状为圆形。吹哨结束后，统计成圆形的圈数。

游戏规则

获胜条件： 在拨球的过程中，拨球路径为圆形圈数多的队伍为胜。如果圈数相同，就以起点开始，学生仍然围成圈，拨球 1 次经过人数多的队伍获胜。

注意事项： 在拨球的过程中保持俯卧撑的姿势，在拨球的过程中，如果其他的身体部位接触到地面，则球在面前停顿 3 秒。

游戏要点

在拨球的过程中使用核心发力，保持俯卧撑的姿势；拨球的力量始终保持一致。

游戏变式

可以增加球的重量，如用药球和沙袋替换篮球。

07 过山洞

训练目标： 增强四肢和核心力量。

游戏时间： 5~8 分钟。

游戏准备： 空场地。

组织形式： 适合多人进行。将学生平均分成 2 组，分别站成一队，呈四肢着地的拱桥造型。

游戏步骤

游戏开始后，排头学生从拱桥下穿行，爬到队尾后同样摆出拱桥造型。

后面学生依次进行，直至达到终点。

游戏规则

不得抢跑，学生要相互贴紧，彼此间不能出现空隙，爬行过程中要控制核心，不要抬起后背及臀部，如果出现犯规动作，所有人回到原位重新开始。

获胜条件：率先达到终点且没有犯规的小组获胜。

游戏变式

变式 1：可以改变作为拱桥学生的姿势，如变为山羊造型，进行跳山羊等。

变式 2：可以改变相隔站位学生的姿势，如变为一个拱桥造型、一个山羊造型。

08 踢羽毛球

训练目标： 提高学生团结协作的能力和身体协调性。

游戏时间： 8~10 分钟。

游戏准备： 1 个羽毛球、10 个标志桶。

组织形式： 适合 10 人及以上进行。每 5 人一组，将标志桶呈一条直线状摆放，作为标志线。2 组学生分别站于标志线的两侧，学生以脚作为球拍进行羽毛球比赛。

游戏步骤

老师发出指令后，游戏开始。由一组学生先行发球。球过标志线后，防守的一方相互有 3 次传球的机会，把球踢回对方的场地。

游戏规则

获胜条件： 一组学生失误，未能将羽毛球踢到对方的场地，则另一组单回合胜利；率先达到目标分数的队伍获胜。

注意事项： 踢球的时候注意安全，自己不要摔倒，也别踢到队友。

游戏要点

在比赛过程中，注意脚踢球的位置和力度，积极和同学配合完成小组的进攻和防守。

09 抛绣球

训练目标： 培养学生的空间感和上下肢协调能力，提高团队协作的意识。

游戏时间： 8~10 分钟。

游戏准备： 空场地、1 根长跳绳。

组织形式： 适合 6 人以上进行。将学生平均分成 3 组，选其中一组里的 2 名学生手举长跳绳在胸前拉成一条线，其余学生站在场地边线和底线外当裁判。

另外 2 组学生分别站在手拉线的两端。每端由 2 名学生一组手拿一件篮球坎肩平铺于腹前，同时准备抛球或接球。

游戏步骤

上半场游戏开始后，老师选派站在线两端的某一组的 2 名学生将腹前平铺着的坎肩里的篮球抛过线，对面端离球近的 2 名学生迅速用坎肩接住球，然后再用同一种办法把球抛过线，直到接球失误，对方再发球，以此循环。

下半场游戏交换场地和发球权，比赛继续。

游戏规则

球在边线、底线，则接住无效，由对方发球；身体部位触球属犯规，罚 1 分；发球而球未抛过线，对方得 1 分。

获胜条件：率先得 5 分的一组获得胜利；输球的一组替换拉线的一组。

游戏变式

可以将两人一件坎肩变为一人一件坎肩进行单打，判断球的落点，将球接下后抛回。

10 阵地争夺战

训练目标: 增强学生身体的力量和竞争意识。

游戏时间: 5~8分钟。

游戏准备: 篮球场。

组织形式: 2人一组同时站在跳球区内,双脚前后开立,异侧脚相对。学生之间以肩膀相对。

游戏步骤

老师发出指令后,每组学生开始相互发力,把对方顶出圆圈区域。

游戏规则

获胜条件:率先把对方顶出圆圈区域的学生获胜。

注意事项:在互相顶撞的过程中,不能用手推搡和拉拽,不能采取躲闪的方式获胜,以免学生因为失去重心而摔倒受伤。违反规则的学生直接判输。顶撞的过程中,只有对方双脚同时出圈才算获胜。

游戏要点

需要降低重心,用核心发力,保持身体姿势不变,用肩膀顶住对方的身体。通过腿部发力,把对方顶出圆圈。

游戏变式

采取车轮战,对一人进行轮番攻击,让练习者多次体会力竭的感觉。

(11) 篮球争夺战

训练目标： 提高学生临场应变及快速跑的能力。

游戏时间： 3~5分钟。

游戏准备： 6个篮球、3个标志桶、3个呼啦圈。

组织形式： 适合9人进行。每3人一组，将标志桶排成等边三角形，3组学生分别站于标志桶后，将6个篮球放于三角形中心，将呼啦圈置于标志桶后。

游戏步骤

老师发出指令后，每组学生以接力的形式抢球。每组第1名学生跑向中心抢球并抱回置于所在队的呼啦圈内；接着第2名学生继续抢球并抱回置于呼啦圈内；当三角形中心没有篮球时，第3名学生去其他队的呼啦圈内抢球。

以此循环，直至胜利。

游戏规则

获胜条件：率先获得3个篮球的组获胜。

注意事项：在接力过程中不能抢跑，不能阻碍其他学生抢球。

游戏要点

注意观察场上的局势，及时准确判断抢球方向。

游戏变式

在保持距离和人数相等的前提下，可以适当增加人数。

12 摔跤

训练目标： 锻炼学生的核心和四肢力量。
游戏时间： 3~5分钟。
游戏准备： 4块垫子。
组织形式： 2人一组进行游戏，把4块垫子拼起来作为场地。

游戏步骤

老师发出指令后，学生以俯卧撑支撑的姿势准备比赛；两人相互之间拉拽对方的手臂，使对方重心不稳，导致其身体的其他部位接触地面。

游戏规则

获胜条件：在游戏中使对方身体先着地的一方获胜。

注意事项：在游戏的过程中不要触碰到对手的面部，注意安全。

游戏要点

拉拽对方的手臂或者推搡对方的肩膀，致使对方身体的其他部位率先触地，以借力打力的方式使对方失去重心，无法保持平稳。

游戏变式

可以采用双膝跪地的方式进行游戏。老师规定学生可以抬起一条腿，以此使学生体验腿部发力的感觉，多种影响重心的姿势大大提高了学生的反应速度，增强了学生的核心力量。

13 抢摔跤服

训练目标： 提高学生团队协作，增强竞争意识。

游戏时间： 6~9 分钟。

游戏准备： 空场地。

组织形式： 适合多人进行。5~7 人为一组，摔跤服摆在场地中间，两组学生各距离摔跤服 5 米，每组分别派出 1 人参赛。

游戏步骤

老师发令，游戏开始。两组学生快速从各自小组起点出发，跑到摔跤服前，用手拽起摔跤服后返回起点，以此循环，直至所有人完成比赛。

游戏规则

不得抢跑，不能接触对方身体。

获胜条件：率先把摔跤服抢到并返回起点的人获胜。游戏结束后，累计得分最高的队伍获得最终胜利。

游戏变式

3~4 人一组，可以进行擂台战，赢者守擂，败者轮换上场，争夺擂主。

(14) 吃鸡

训练目标： 帮助学生激活神经，提高学生变向加速的能力。

游戏时间： 3~5 分钟。

游戏准备： 篮球场。

组织形式： 4~6 人为一组，均匀站在中圈的边线上，间隔距离相等。如果人数比较多，可以分为预赛和决赛进行游戏。

游戏步骤

老师发出指令后，学生绕圈加速跑。当学生触碰到前面学生的身体后，被触碰到的学生被淘汰。加速跑的过程中，注意力集中，听到老师的哨音后，学生变换方向继续追逐。以此循环，直至剩下最后一人。

游戏规则

不得推搡和拉拽前面的学生。跑步前记住要检查鞋底，避免因为滑倒而受伤。

获胜条件：剩下的最后一名学生胜利。

注意事项：在接力过程中不能抢跑。

游戏要点

集中注意力，在全力追逐前方队员的同时，自己也要时刻想着变向逃跑。

游戏变式

可以选择其他的移动方式进行游戏。

15 斗鸡

训练目标： 增强学生竞争意识、下肢力量和核心稳定性。

游戏时间： 6~9 分钟。

游戏准备： 空场地、4 个标志桶。

组织形式： 适合多人进行。将学生平均分成 2 组，用标志桶规定游戏区域，每局比赛两组各派 1 名学生参赛。

游戏步骤

老师发令，游戏开始，场上参赛的 2 名学生迅速抬起一条腿，双手抱住，以单腿的姿势站立；通过单脚跳改变位置，主动或被动发生碰撞，直至一人被挤出圈外或除支撑脚外有其他部位落地。以此循环，直至所有人完成比赛。

游戏规则

游戏的过程中注意安全，不得用手推搡和拉拽对手，不得用脚踢对手。

获胜条件：率先把对手挤出圈外或使对手除支撑脚外其他部位落地的人胜利。

游戏结束后，累计得分最高的队伍获得最终胜利。

游戏变式

3~4 人一组，可以进行擂台战，赢者守擂，败者轮换上场，争夺擂主。

(16) 绕圈追逐

训练目标： 增强学生用脚掌的不同位置转向时发力的感知。

游戏时间： 6~9 分钟。

游戏准备： 篮球场。

组织形式： 适合多人进行。将学生平均分成 2 组，一组追一组跑，两两相对站立，以篮球场 3 个圈为标志，相对而站的 2 人相距 2 米的距离，随意绕圈追跑。

游戏步骤

游戏开始，老师发令和计时。每个圈内的 2 人开始沿圈追逐。在规定的时间，以追到对手积累比分，直至所有队员全部完成比赛。

游戏规则

不能抢跑和反向跑，要按照逃跑人的路线进行追逐，不能随意切换追逐路线；不得用手推搡、拉拽对手，注意脚下，以免摔倒。

获胜条件：追到对手的学生得 1 分；所有学生完成比赛后计算比分，判定队伍胜负。

17 工程师

训练目标： 增强学生的上肢力量，提高核心稳定性。

游戏时间： 6~9 分钟。

游戏准备： 空场地、4 种颜色（红、黄、蓝、绿）的标志盘若干、网球若干。

组织形式： 适合多人进行。2 人一组（以俯卧撑的姿势）面对面，面前各呈一排 4 种颜色的标志盘和 1 个网球。

游戏步骤

游戏开始后，老师发出颜色顺序的指令（如绿、红、黄、蓝）；学生在听到指令后快速摆动四肢，按指令顺序把标志盘摞起，最后把网球放在标志盘上，完成搭建。

游戏规则

除双手双脚外，身体其他部位不能落地；不能屈腿顶臀。

获胜条件：率先按照老师喊出的指令顺序完成标志盘及网球摆放的学生获胜；如果颜色顺序不符合指令，则判为输；如果均按要求完成比赛，则用时短的学生获胜。

游戏变式

可以把俯卧撑支撑改为俯卧撑交替摸肩、手肘交替支撑、俯卧撑等动作以提高难度。

18 刮风下雨和地震

训练目标： 提高学生启动跑的反应力和决断力。

游戏时间： 6~9 分钟。

游戏准备： 篮球场、1 个标志桶。

组织形式： 以 13 人为一个小组，将标志桶摆放在篮球场半场的中心，选择 1 名学生作为发令人，其他学生分为 4 组，各站在篮球场半场的一角，每个角上有 2 人面对面相距 1 米站立，手掌相对向上举扮演大树；另外 1 人蹲在大树中间扮演松鼠。

游戏步骤

游戏开始后，发令员发出"刮风、下雨、地震"的信号。指令为"刮风"时，大树离开原位；指令为"下雨"时，松鼠离开原位；指令为"地震"时，所有人离开原位。

发令员发令后，自己迅速抢占一个位置成为大树或松鼠。没有抢到位置的学生接受惩罚并成为下一个发令员，继续游戏。

游戏规则

发令员发出信号后，需要移动的角色必须离开原来的位置。

发出"地震"口令时所有人员移动，同时可以进行角色转换（松鼠变大树或大树变松鼠）。

获胜条件：抢到位置，扮演角色。

注意事项：抢位置时不要撞击和推搡其他学生，避免受伤。

19 单腿钓鱼

训练目标： 增强学生的腿部力量，提高平衡能力。

游戏时间： 3~5 分钟。

游戏准备： 篮球场、20 个小标志桶、2 根 1 米长的塑料棍、2 个敏捷圈。

组织形式： 适合多人进行。将所有学生平均分为 2 组。每次比赛各出 1 人，手持长棍站在敏捷圈内，老师以学生手臂和长棍长度的总和作为界限，将 20 个标志桶大口儿朝向学生均匀摆放。

游戏步骤

游戏开始后，学生单脚站立，手持长棍将标志桶挑起。将挑起的标志桶放在自己的身后为钓鱼成功。

游戏规则

学生要在敏捷圈内进行钓鱼，如出圈或双脚落地则拿走身后一条鱼。

钓鱼过程中，如果标志桶掉落，则学生不得再钓这条鱼。

学生不得使用手中的长棍干扰对方。

获胜条件：率先钓够 10 条鱼的学生单回合获胜，全部学生比赛完毕后，计算总成绩，钓到鱼数量多的一组获胜。

注意事项：钓鱼时要站稳，避免踝关节受伤。

游戏变式

可以将标志桶替换为其他较重的器材或不容易掌握平衡的物品，以增加游戏难度。

20 矛与盾

训练目标： 提高学生反应能力和变向加速跑的能力。

游戏时间： 3~5 分钟。

游戏准备： 篮球场、1 个标志桶。

组织形式： 双人游戏，1 人为矛，1 人为盾。2 人以己方底线为起点，以对面底线为终点，为矛的学生以放下手中的标志桶为开始逃跑的信号，为盾的学生开始追逐。

游戏步骤

游戏开始后，为矛的学生开始随意跑动，放下标志桶后开始逃跑，为盾的学生开始追逐。角色互换，以此循环。

游戏规则

获胜条件：为矛的学生率先跑到终点线则获胜，到达终点线之前被抓住则为盾的学生获胜。

注意事项：若为矛的学生在未放标志桶前被抓到，则无效。追逐过程中不得推搡和拉拽对方，以免发生危险。

游戏要点

为矛的学生利用加速、急停等方式与为盾的学生拉开距离，建立优势，后者通过集中精力，预判前者的下一步动作，缩短距离，提高获胜的概率。

21 照镜子

训练目标： 提高学生反应和快速跑的能力。
游戏时间： 3~5 分钟。
游戏准备： 篮球场。
组织形式： 适合多人进行。将学生分成两组，分别呈一排站在两侧罚球线后。老师指定一组做动作，另一组模仿，模仿结束后，两组交换。

游戏步骤

游戏开始后，每组各派出 1 名学生参赛，面对面站于篮球场中线两侧，间隔一臂距离。

听到指令后，做动作的学生快速变换自己的移动方向，模仿的学生同步做出模仿动作。做动作的学生可以突然向己方安全区逃跑，模仿的学生追击。以此循环，直至所有队员完成游戏。

游戏规则

获胜条件： 个人赛中，做动作的学生进入安全区前未被抓住则得 1 分。团队赛中，积分多的小组获胜。
注意事项： 两侧罚球线后的学生不要阻碍逃跑和追击的学生。

游戏要点

快速反应模仿动作，利用好急停急起的脚步动作。

游戏变式

两人面对面可以做任何形式的动作（如蹲、坐、小碎步、高抬腿等）。

(22) 保护小企鹅

训练目标： 提升学生的敏捷度和平衡能力，增强下肢与核心力量。

游戏时间： 4~6 分钟。

游戏准备： 篮球场、排球若干。

组织形式： 适合多人进行。给每个学生发 1 个排球，并告知学生此排球是小企鹅，学生需用自己的双腿将排球夹住后，在半场区域内自由移动。

游戏步骤

游戏开始后，学生开始移动，用手打掉其他学生腿间的小企鹅，游戏结束，计算每个学生被打掉小企鹅的次数。

游戏规则

获胜条件： 被打掉小企鹅次数最少的学生获得"保护小企鹅能手"称号。

注意事项： 游戏中，不论是进攻还是防守的过程中，小企鹅都不能掉落在地上，否则视为进攻无效或直接算作被其他学生打掉，被打掉次数加一。

游戏过程中只能攻击其他学生腿间的小企鹅，不得击打其他部位或推搡、拉拽其他学生，避免受伤。

游戏变式

可以将学生腿间的小企鹅以其他重物替代，增加学生的身体素质，增加游戏难度。

第二部分

有球练习

　　篮球是开放式体育活动，考验学生的临场应变能力。篮球项目中不同的游戏环节可以提高学生的应变和运、传、投球的能力，学生既可以学习到准确的篮球动作，提高控球能力、身体的协调性以及动作的敏捷性，也可以提高和队友之间的合作能力。

第 3 章
运球篇

01 戴帽子

训练目标： 提高学生运球的速度。

游戏时间： 5~8 分钟。

游戏准备： 3 个标志桶、2 个标志盘和 2 个篮球为一组，可以设置多个组别。

组织形式： 以 1 个标志桶作为中心，其余 2 个标志桶成一条直线摆放，与中心标志桶距离相同。2 名学生面对面站在中心标志桶的两侧，一手拿着篮球，一手拿着标志盘。

游戏步骤

老师发出指令后，学生转身向背后的标志桶加速运球，绕过标志桶后返回，把手中的标志盘扣到中心的标志桶上面。

游戏规则

学生在运球的过程中不能抱球，不能抢跑；运球的同时要绕过标志桶；标志盘只有扣到标志桶上，游戏才算结束。

获胜条件：率先将标志盘扣到标志桶上的学生获胜。

游戏变式

变式 1：可以利用弱势手运球或者通过其他运球的方式绕过标志桶，以此来提高学生的球感。

变式 2：可以将标志盘换成具有一定重量的运动器材或者能分散学生注意力的道具，通过提升难度来提高学生的身体素质。

02 萝卜保卫战

训练目标： 提高学生的快速反应能力、运球能力和观察能力。

游戏时间： 3~5分钟。

游戏准备： 空场地、篮球若干、标志桶若干。

组织形式： 适合多人进行。2人一组，每人1个篮球。将标志桶作为萝卜，并以此为中心，2人面对面站立，一人降低重心运球，一人手持篮球准备进行破坏。

游戏步骤

计时开始后，运球的学生集中注意力保护标志桶，手持篮球的学生让球垂直落地，运球的学生在运球的同时要将标志桶拿走，避免标志桶被篮球砸到。如果被砸中则交换角色，计时结束。

游戏规则

手持篮球的学生让球落地时注意不要发力，让球自然下落。运球的学生不得用身体任何部位阻挡篮球下落。

获胜条件：在规定时间内，保护萝卜（标志桶）次数最多者获得游戏胜利。

游戏变式

可以把单手运球变化为在身前、胯下、背后等处运球，以提高游戏难度。

03 你来我往

训练目标: 提高抬头运球和应用护球手的能力。

游戏时间: 3~5 分钟。

游戏准备: 空场地、2 个标志盘和 2 个篮球。

组织形式: 适合多人进行。每 2 名学生为一组,将 2 个标志盘摆在一条直线上,相距 2~3 米,2 名学生分别面对面站在标志盘所在的位置。

游戏开始后,一名学生在原地运球。另一名学生采用地滚球的方式,用手将球拨给运球的学生。运球的学生要注意抬头观察,将传来的球接住,并用护球手重新拨回给对方。运球的学生在接传球过程中不得失误,否则接受小惩罚,以此循环,吹哨结束。

游戏规则

在接传球的过程中,运球人不得将原本的球放下,要一直保持运球的姿势和动作。

获胜条件:运球的学生如果出现运球失误或没有接住传球,则传球人获胜,运球人接受惩罚。

游戏要点

运球的学生在运球的过程中,要始终保持抬头,注意观察传球的方向和位置,脚下不停地左右移动,走到传球位置将球拨回。

游戏变式

学生如果运球能力突出,则可以进行传接球或躲避球的练习,以提高游戏难度。

04 飞盘争夺战

训练目标： 提高学生抬头运球的能力和运球速度，强化学生的反应能力。

游戏时间： 3~5分钟。

游戏准备： 篮球场、标志盘若干、6个篮球。

组织形式： 适合多人进行。将所有学生分成2组，分别站在罚球线两角，面对中线前后站立，各组前3名学生每人拿一个篮球，2组学生两两对决，老师手拿标志盘站在篮球场中圈。

游戏步骤

游戏开始后，每组第1名学生运球准备。

老师在场地内随机扔出一个标志盘，2名学生运球移动，抢夺标志盘。抢夺到标志盘后，将球给到下一名学生，两人各自站到队尾。每组第2名学生继续游戏，以此循环，直到所有学生比赛结束，计算得分。

游戏规则

在抢夺标志盘过程中，要保持运球状态，抱球或运球失误则抢夺标志盘无效。

获胜条件：两两相对时先拿到标志盘的学生取得单回合胜利。

所有学生比赛完毕后，标志盘多的小组获胜。

注意事项：在抢夺标志盘的过程中，不得推搡和拉拽对手，以免发生危险。

游戏要点

比赛时，学生运球的过程中要注意抬头观察，看到老师手中的标志盘飞出后迅速运球移动，卡住对方前进位置，将对方球员挡在身后，抢到标志盘。

游戏变式

可以规定在学生抢夺标志盘时做一个变向动作，做完变向动作以后才能抢标志盘，以增加游戏的难度，提高学生运球的能力。

05 丢篮球

训练目标： 提高学生曲线运球的能力。
游戏时间： 3~5 分钟。
游戏准备： 篮球场、2 个篮球。
组织形式： 适合多人游戏。选出 1 名学生
丢篮球，其他学生手拉手围成
圈后原地坐好。

游戏步骤

游戏开始后，丢篮球的学生手拿 2 个篮球绕圈慢跑。在慢跑的过程中，将手中的 1 个篮球放在任意一人的身后，此人成为追逐的学生。

丢篮球的学生放完球后，运球绕圈加速跑，追逐的学生拿起篮球后运球追逐，丢篮球的学生跑过一圈后，坐在追逐的学生之前的位置，同时将手中篮球给对方，追逐的学生继续传球游戏。以此循环。

游戏规则

获胜条件：如果丢篮球的学生在未坐到追逐学生位置上前被对方追到，则追逐的学生获胜。

丢篮球的学生跑完一圈后，如果追逐的学生还没有离开原地，丢篮球的学生获胜。

注意事项：其他学生不得提醒追逐的学生篮球放在了他的身后；游戏开始前，学生要记得检查鞋底，避免滑倒受伤。

游戏要点

丢篮球的学生尽量不要让追逐的学生发现已将篮球放在他的身后，而要想尽办法让追逐人坐在原地。

追逐的学生要提高警惕，加快运球速度，全力追赶丢篮球的学生。

06 小马过河

训练目标：提高学生快速运球的能力。
游戏时间：5~8 分钟。
游戏准备：空场地、1 根粉笔、篮球若干。
组织形式：适合多人进行。用粉笔画出 2 条间隔 3 米左右的线，中间的部分当作小河；将所有学生分为 2 组，一组作为"鳄鱼"站在河中，一组作为"小马"站在两侧岸边。

游戏步骤

游戏开始后，小马在岸边运球来回移动，寻找机会；鳄鱼在河内来回游动准备抓捕小马，小马找准机会穿过河流到达对岸；鳄鱼要找准时机，在小马过河的时候将其抓住。所有小马过河结束后，角色互换。

游戏规则

在游戏过程中，小马不得抱球过河；在运球过程中，一旦失误则重新回到岸边过河；如果小马没有过河，还可以返回原来的岸边，重新寻找机会。

鳄鱼在游戏中将小马手中的球拨掉，则代表抓住小马。

获胜条件：两组鳄鱼中抓小马多的获胜。

注意事项：在抓小马的过程中，不得拉拽对方的身体，以免发生危险。

游戏要点

小马在岸边要通过来回移动，趁鳄鱼不备，快速通过小河到达对岸。

07 打飞盘

训练目标： 提高行进过程中运球和使用护球手的能力。

游戏时间： 3~5分钟。

游戏准备： 篮球场、1根粉笔、标志桶若干、标志盘若干。

组织形式： 适合多人游戏。用粉笔画2条线，两线间隔3米。将学生分为两组，一组为进攻人，一组为防守人。进攻人手持标志盘站在线外，防守人手持标志桶和篮球站在线内。

游戏步骤

游戏开始后，进攻人扔出标志盘。防守的学生运球移动躲避，同时用标志桶击打标志盘并记下击中的数量。规定时间结束后，角色互换。

两组全部进攻完毕后游戏结束，统计击中标志盘的个数。

游戏规则

进攻的学生必须在线外进攻，否则进攻无效；防守的学生必须在运球的过程中击中标志盘，否则击中无效。

被标志盘击中的学生被淘汰。

获胜条件：击中标志盘次数多的一组获胜。

注意事项：注意观察其他学生，不要在躲避过程中相互冲撞，避免撞伤。

游戏要点

在运球的过程中，注意抬头观察标志盘的位置，进行躲避和击打。

游戏变式

可增加游戏难度，在标志盘飞来时，做变向动作，之后用标志桶击打标志盘。

08 运球追逐赛

训练目标： 提高学生行进间运球加速和急停的能力。

游戏时间： 3~5 分钟。

游戏准备： 篮球场、篮球若干。

组织形式： 所有学生手持篮球，沿篮球场的边线和底线均匀站立。

游戏步骤

游戏开始后，所有学生沿同一方向运球移动，听到老师吹哨以后，所有学生运球加速跑，用护球手触摸前方学生的后背并记录次数。

学生在运球的过程中要时刻注意，听到老师再次吹哨后立刻急停变换方向，角色互换，继续追逐。游戏结束后，记录学生触摸的次数。

游戏规则

在追逐和逃跑的过程中，不得抱球，如出现抱球情况，这名学生之后的人积累一次触摸次数。

获胜条件：触摸次数多的学生获胜。

注意事项：在触摸过程中，不能用力击打逃跑人，触碰即可。

游戏要点

注意力要集中，运球加速要快，随时准备急停变换方向，在运球追逐的过程中，尽量保持运球状态，同时多触摸前一名学生的后背。

游戏变式

可以在老师吹哨后急停变向换手运球再追逐，以增加游戏难度。

09 看色辨向

训练目标: 提高队员横向运球和反应能力。

游戏时间: 3~5 分钟。

游戏准备: 篮球场、红蓝颜色的标志桶各2个、2个篮球。

组织形式: 适合多人进行。2人一组站在篮球场的中线与中圈交点处;老师站在2人前方的另一个交点处,手持红蓝两个标志桶放于背后;将两个红蓝标志桶分别放在中圈的两端,使其与2人的距离相同。

游戏步骤

游戏开始后,2名学生一边小碎步运球一边看老师。老师从背后拿出任意一个标志桶举起来。2名学生看到标志桶后,根据颜色跑向中圈两侧颜色相同的标志桶处。

率先触摸到标志桶的学生获胜,另一名学生接受惩罚。

游戏规则

触摸与老师举起的标志桶颜色相同的标志桶,则结果有效。

获胜条件:率先触摸到标志桶的学生获胜。

注意事项:在触摸标志桶时,不得阻碍其他学生的行进路线,不得推搡其他学生。

游戏要点

学生在用小碎步运球时,注意抬头观察老师手中的动作,迅速做出反应,向与老师举起的标志桶颜色相同的标志桶快速移动。

游戏变式

变式1:可以要求触摸颜色相反的标志桶,如老师举起红色标志桶,则学生摸蓝色标志桶。

变式2:可以在触摸标志桶前增加一次变向运球,换手移动到相同颜色标志桶的位置,提高学生的运球能力,增加游戏难度。

10 打气球

训练目标： 提高学生运球抬头和运球加速急停的能力。

游戏时间： 3~5 分钟。

游戏准备： 羽毛球场地、篮球若干、1 个气球。

组织形式： 适合多人游戏。4 人为一组，2 组学生分别站在羽毛球场地的两边。

游戏步骤

游戏开始后，由一方率先发球。双方以护球手作为球拍，将气球击打到对方场地。哪一组气球未过网或落地则对方获得 1 分。

游戏规则

攻守双方每个回合只允许击打一次气球；上一回合获得积分的队伍发球。击球过程中需保持运球状态，若出现抱球击球，则判为气球落地，对方加 1 分。

获胜条件：学生迫使对方击球未过拦网或气球落地则为单回合胜利，积 1 分。

率先达到 11 分的队伍获胜。

注意事项：在击球过程中注意观察自己同组成员的位置，避免相互碰撞受伤。

游戏要点

通过积极的运球跑动将球打过拦网，使对方无法接到气球或气球被拦网挡住。

游戏变式

可以要求用弱势手运球，或在击球前做一个变向动作，以增加游戏难度。

⑪ 过山车

训练目标： 提高队员运球速度和团队默契度。
游戏时间： 3~5 分钟。
游戏准备： 篮球场、2 个篮球。
组织形式： 将学生分成 2 组进行比赛，每组学生前后站立，第 1 名学生站在中线的位置，人均间隔两臂，所有学生双脚打开，比肩稍宽，双手搭在前面学生的肩膀上，第 1 名学生手持篮球。

游戏步骤

游戏开始后，第 1 名学生听到哨音后迅速向身后运球跑动，绕过后面所有学生用双手搭建的空间。第 1 名学生到达队伍末端后，将球从小组成员的双腿之间滚过，直至滚到第 2 名学生的位置。第 2 名学生拿起篮球后重复第 1 名学生的跑动路线。

以此循环，直到第 1 名学生再次拿到篮球，将球举过头顶后游戏结束。

游戏规则

学生在运球 S 形跑动的过程中不得抱球，必须穿过后面所有学生用双手搭建的空间，出现抱球情况则重新回到开始位置跑动。

运球的学生将球运到队尾后，将球传出，如球撞到其他学生的脚而没有到达队伍第 1 名学生的手上，需要跑到失误的位置，将球拿回队尾重新传球，直到篮球传回队伍第 1 名学生的手中。

获胜条件：用时短的一组获胜。

注意事项：在运球跑的过程中，注意不要撞到其他学生，避免受伤。

游戏要点

运球的高度要降低，快速跑动并从中间穿过，将球准确地从所有学生双脚之下传到同组队员的手里。

(12) 击鼓传花

训练目标： 提高学生曲线运球加速能力。
游戏时间： 3~5 分钟。
游戏准备： 篮球场、2 个篮球。
组织形式： 适合多人进行。选出 1 名学生作为追球者，其他学生围成一个圈，原地坐下后双腿分开，追球者站在圈外，另一个篮球在追球者所站位置对面的学生手中。

游戏步骤

游戏开始后，运球的学生运球绕圈跑动，传球的学生同时开始传球。围圈的学生在传球的过程中，要将球在双腿间触地一次后再传给下一名学生。追球的学生运球追赶在圈内传递的篮球。

游戏规则

追球的学生在追球的过程中不得抱球跑动；传球的学生在传球的过程中，必须按照规则进行传递。

获胜条件：追球的学生在 3 圈内追到篮球则为本局的胜利者，篮球在谁的手里，谁将受到惩罚并成为下一个追球者。追球的学生在 3 圈内没有追到篮球，则追球者受到惩罚，并继续游戏。

注意事项：游戏开始前检查鞋底，避免滑倒受伤。

游戏要点

追球者的运球速度和传球学生的传球速度都要加快。

游戏变式

如果学生运球能力较强，则直接省略击地环节，直接进行传球，增加游戏难度。

13 搬运坚果

训练目标： 提高学生横向运球的速度以及手脚协调能力。

游戏时间： 3~5 分钟。

游戏准备： 篮球场、2 个篮球、4 个标志桶。

组织形式： 2 人一组进行游戏。将 4 个标志桶摆放在中线的位置，学生手持篮球侧身站在 2 个标志桶的中间。

游戏步骤

游戏开始后，学生向底线方向运球，以行进方向的外侧手作为运球手滑步运球，护球手移动标志桶。学生需要将 2 个标志桶交替移动，同时将其移动到对面的底线处。

游戏规则

每一次运球都必须保证滑步的姿势，并且只能移动标志桶一次。标志桶的位置不得超过自己的篮球。

移动标志桶的过程中不得抱球，如果抱球则后退一步。

获胜条件：率先将两个标志桶移动到对面底线处的学生获胜。

注意事项：学生滑步移动的动作要保证正确，主要观察哪只脚先动。

游戏要点

学生要清楚手掌按压在篮球的哪一个部位可以更加快速地侧身前后移动。

(14) 蚂蚁搬家

训练目标： 提升学生加速运球和急停的能力，培养学生团队协作精神。

游戏时间： 3~5 分钟。

游戏准备： 篮球场、篮球若干、标志桶若干。

组织形式： 适合多人游戏。将所有学生分成2组，分别手拿篮球，均匀地站在篮球场两边的底线，老师将所有标志桶摆放在球场中线的位置，并根据标志桶的颜色区分积分的不同。

游戏步骤

游戏开始后，所有学生加速运球到标志桶所在位置，拿起标志桶后返回自己队伍的底线处；放下标志桶后继续运球返回，再次抢夺标志桶后返回底线。

以此循环，直到中线标志桶全部被拿完，游戏结束，各组统计各自积分。

游戏规则

游戏过程中不得抱球去拿标志桶，违规的学生必须将标志桶退回中线。

获胜条件：积分高的一组获胜。

注意事项：在抢夺标志桶的过程中，不得推搡对手，以免受伤。

游戏要点

提高加速运球的能力，抢夺标志桶时，采用急停技术拿起标志桶后迅速加速运球返回。

游戏变式

可以将标志桶改成其他更重的练习器材，以物品的重量确定积分，提高学生的身体素质，增加游戏难度。

15 老鼠偷油

训练目标： 提高学生加速运球和急停启动的能力以及对时机的把握度。

游戏时间： 3~5分钟。

游戏准备： 1根跳绳、1个沙包、1个标志桶、篮球若干。

组织形式： 学生围成圆圈站好，老师站在学生中间，用跳绳将沙包捆住，将标志桶放在自己的身边当作"油"，所有学生在以跳绳长度为直径的圈外面当作"小老鼠"。

游戏步骤

游戏开始后，老师在圆圈中心单手举起手中的跳绳并将跳绳以顺时针或逆时针方向转起来，所有的小老鼠在圈外运球做准备，寻找时机准备偷油。没有偷到油的小老鼠被淘汰。减少一个标志桶后，游戏继续，以此循环，直到剩下最后一人。

游戏规则

偷油的过程中，小老鼠如果被跳绳碰到或抱住篮球，则需要将标志桶拿回老师的脚下，接受惩罚后重新开始游戏。

获胜条件：最后一只小老鼠获得胜利。

注意事项：注意急停时脚下不要打滑，避免摔倒受伤。

游戏要点

在圆圈外做运球移动，寻找时机；加速启动至标志桶旁边，急停后拿起标志桶；迅速跑出跳绳攻击范围。

(16) 拨球之王

训练目标：提高学生的运球能力，增强使用护球手保护球的意识。
游戏时间：3~5分钟。
游戏准备：篮球场、2个篮球。
组织形式：适合多人游戏。两两对决，2人同时站在篮球场中圈内运球。

游戏步骤

游戏开始后，2人相互用护球手攻击对方的篮球，谁的篮球被拨出中圈，则该学生被淘汰。每一组的胜利者之间再次组队挑战。以此循环，直到决出最终的胜者。

游戏规则

在相互攻击的过程中不得抱球，否则无效；在游戏过程中，如果双方同时将对方的篮球拨出，则双方重新回到圈内继续游戏。

获胜条件：将对方的篮球拨出中圈则获胜。

注意事项：在游戏过程中，不得用护球手攻击对方，以避免受伤。

游戏要点

在保护自己篮球的同时，将对方的篮球拨出圈外。

游戏变式

采用肩对肩的对抗方式，将对方顶出圈，增加游戏难度，培养学生敢于使用身体对抗的能力。

17 加勒比海盗

训练目标： 提高运球速度和保护球的能力，培养竞争意识。

游戏时间： 3~5 分钟。

游戏准备： 篮球场、篮球若干。

组织形式： 适合多人进行。先选出 2 名学生作为"海盗"，其他学生每人 1 个篮球，站在半场内随意运球移动。

游戏步骤

游戏开始后，海盗攻击其他学生，将篮球抢下。篮球被抢的学生迅速抢夺其他人的篮球。规定时间结束后，没有篮球的学生接受惩罚。

游戏规则

如果有球学生在被海盗抢夺篮球时抱球跑动，则将篮球直接交给海盗；篮球被抢到的学生不得立刻回抢，只允许抢其他学生的篮球；如果运球越出半场边线，也属于被海盗抓住，需要交出篮球。

获胜条件：规定时间结束后，手中有篮球的学生获胜。

注意事项：在游戏过程中，要注意观察同伴的位置，避免在跑动的过程中撞到其他人发生危险。

游戏要点

运球过程中注意抬头观察，发现海盗后要及时加速运球及躲避。

被海盗抢球后应迅速抢夺除"海盗"外其他学生的篮球。

18　运球接力

训练目标： 提高运球能力，培养团队精神。
游戏时间： 3~5 分钟。
游戏准备： 篮球场、2 个标志桶、2 个篮球。
组织形式： 适合多人游戏。将学生分为 2 组，以接力的形式前后站在底线的位置，将 2 个标志桶摆在中线的位置上，标志桶与学生处于一条直线上，由每组的排头学生持球。

游戏步骤

游戏开始后，每组的第 1 名学生开始运球，绕过前方的标志桶后返回，将球交给下一名学生后站在队尾。第 2 名学生接球后开始运球，绕过标志桶后将球交给下一名学生，站到队尾。

以此循环，直到第 1 名学生再次拿到篮球，并将球举过头顶。

游戏规则

在接力的过程中，不得抱球跑动，否则原地停留 3 秒作为惩罚。

接力过程中，运球的学生需要绕过标志桶后将球传给下一名学生后，该学生才能出发，不得抢跑。

学生运球过程中如出现失误，捡球回来后应在失误的位置继续运球前进。

获胜条件：率先完成运球接力的队伍获胜。

注意事项：在接力过程中要按规定的方式接力，避免相撞导致受伤。

游戏要点

接球后运球要发力，提高运球速度；绕标志桶时应绕小圈，降低运球的高度和重心。

游戏变式

可以进行双球接力，增加游戏难度，提高学生的运球能力。

19 争分夺秒

训练目标: 提高脚步灵活性和加速运球与上篮的稳定性。

游戏时间: 3~5分钟。

游戏准备: 篮球场、8个标志桶、2个篮球。

组织形式: 2人一组，分别站在底线位置做准备，在中线位置用4个标志桶摆放成一个正方形，在三分线45度的位置各放一个篮球。

游戏步骤

游戏开始后，2名学生从底线出发，加速跑到正方形的一角，沿正方形的一边滑步、加速跑、滑步、后退跑；完成后加速冲刺，跑到篮球所在的位置，拿起篮球运球上篮。

游戏规则

两人通过石头、剪刀、布的胜负选择比赛位置；游戏过程中不得跳步，必须按照要求统一完成动作后上篮，如果没有投进，则需要补篮。

获胜条件：率先完成上篮的队员获胜。

游戏要点

在滑步、加速跑、滑步、后退跑时，要降低重心，加快速度，以便在上篮中抢占优势；在上篮过程中，动作要稳，避免出现没投进的情况。

游戏变式

可以在篮球场中线处放1个篮球，两个人完成一系列脚下动作后，抢球进行一对一的攻防练习。

⑳ 123 木头人

训练目标： 提高运球时的控球能力。
游戏时间： 3~5 分钟。
游戏准备： 篮球场、篮球若干。
组织形式： 所有学生均匀分散在篮球场半场的区域内，以行进间运球的方式移动。

游戏步骤

游戏开始后，老师喊 1 名学生的名字，该学生成为抓捕者，其他学生在场地内运球逃跑，在即将被抓住时喊出口令"123 木头人"，喊出口令后的学生抱住篮球，站在原地不动。

此时抓捕者不得再次抓捕该学生，其他逃跑的学生逃过抓捕者后，触碰该学生，该学生解禁，继续逃跑。

游戏规则

如果学生在逃跑的过程中抱球跑动，则与抓捕者交换角色；如果抓捕者抱球抓人，则抓捕无效。未被解禁的运球者需保持不动。

获胜条件：规定时间内未被抓住的学生获胜，若所有逃跑者全部被定住，则抓捕者获胜。

注意事项：在游戏过程中，要观察其他学生的位置，避免在跑动中发生碰撞。

游戏要点

注意抬头观察抓捕者的位置，通过急停、变向等方式摆脱抓捕者，在即将被抓时及时喊出口令，以躲避抓捕。

(21) 红灯停绿灯行

训练目标: 提高学生的判断和反应能力。

游戏时间: 3~5分钟。

游戏准备: 篮球场、篮球若干、红黄绿三种颜色的标志桶各1个。

组织形式: 适合多人进行。向学生们讲清规定动作及要求:"红灯"原地摆出三威胁姿势;"黄灯"原地踏步高运球;"绿灯"行进间降低重心运球。学生们在底线上站成一排,持球准备。

游戏步骤

游戏开始后,老师喊出口令并举起任意一种颜色的标志桶,学生们看到后做对应的规定动作。学生们从底线出发,目标是对侧底线,其间做错动作的学生接受惩罚,完成后继续游戏,直到所有学生到达对侧底线,游戏结束。

游戏规则

认真聆听老师喊出的口令以及观察举起的标志桶,快速反应做出相对应的规定动作,完成动作要迅速有力。

获胜条件:所有学生全部到达对侧底线时胜利,其间如果动作出错,则接受惩罚(如5个蹲起、10个高抬腿等)。

22 协力过河

训练目标： 提高学生的运球能力，增强团队协作的意识。

游戏时间： 3~5 分钟。

游戏准备： 一块空旷的场地、篮球 3 个、标志桶 30 个。

组织形式： 适合多人进行。将学生平均分成 3 组，每组前面竖直放置 10 个标志桶，每小局每组各派出 2 名学生，分别站于标志桶（河）的两侧，准备开始。

游戏步骤

教师发出指令，每组 2 名学生手拉手运球向前行进过河，到达最后一个标志桶处后，掉转方向运球向起点行进。两人拉手运球到达起点后一局结束。以此循环，直至所有学生完成比赛，游戏结束。

游戏规则

2 人向前运球时必须手拉手，如果手分开，则需重新回到原点开始。2 人拉手过河时均不能碰到标志桶（河）。

获胜条件：率先完成的组单局获胜，积 1 分。游戏结束后，累计得分高的小组获得最终胜利，失败的小组接受惩罚。

游戏变式

可以在 2 人手中间增加器械（如标志桶、篮球等）。

(23) 老狼老狼几点了

训练目标： 提升学生的反应速度以及运球加速
跑的能力。

游戏时间： 4~6 分钟。

游戏准备： 篮球场、4 个标志桶、篮球若干。

组织形式： 适合多人进行。将 4 个标志桶摆成
一个长方形，长 10 米，在所有学
生中选出 1 人作为"老狼"站在长
方形的宽边后，其他学生作为"小
羊"站在另一条宽边后。老狼手持
篮球背对大家，其他学生每人拿 1
个篮球开始运球。

游戏步骤

游戏开始后，其他学生提问："老狼老狼几点了。"

老狼可以回答任意点数，但要保证每次都比上一次喊的点数大。老狼未喊出"12 点"
前，小羊不断靠近老狼，触碰老狼后加速向回跑，老狼在被触碰后开始抓捕；若老狼喊
出"12 点"则直接抓捕，小羊需迅速转身加速向后逃跑。

老狼要通过声音感知小羊们的所在位置，喊出"12 点"后转身运球抓捕小羊。

游戏规则

小羊要集中注意力，注意听老狼所说的点数，随时准备向后逃跑。

获胜条件：如老狼没有抓住小羊，则小羊获胜。

游戏过程中，如果小羊在逃跑中抱球跑，则直接判小羊输；如果老
狼在抓捕过程中抱球抓捕，则抓捕无效。

注意事项：小羊向后逃跑的过程中，注意不要撞到其他学生。

游戏要点

老狼需要通过声音辨别小羊是否到达自己可以抓捕的范围，之后再进行抓捕。

第 4 章
传球篇

01 空中拦截

训练目标： 培养快速传球的能力，提高传球准确性。

游戏时间： 4~6 分钟。

游戏准备： 篮球场、2 个标志桶、篮球若干。

组织形式： 适合多人游戏。2 个标志桶间摆放的距离要根据参与游戏的学生传球能力的强弱来定。将所有学生平均分为 2 组，一组进攻，一组拦截。每组学生排成一列，2 组排第 1 位的学生保持面对面，分别站在标志桶的后面。

游戏步骤

游戏开始后，进攻组的第 1 名学生向空中传球，拦截组的第 1 名学生将手中篮球砸向进攻组传的球，拦截成功得 1 分，失败不得分，传球和拦截结束后各自站到队尾。每组循环 3 次后角色互换。

游戏规则

获胜条件：3 轮循环结束后角色交换，累计拦截多的组获胜。

注意事项：进攻组向空中传球的路线必须保持直线；拦截组必须在篮球降落之前完成拦截，否则拦截无效。所有学生保持注意力集中，避免被空中掉落的篮球砸到。

游戏要点

传球速度要快。

游戏变式

可以采用其他姿势和传球方式进行游戏，鼓励进攻组采取更隐蔽的方式传球，如虚晃骗过拦截组。

02 传球入筐

训练目标： 巩固行进间双手胸前传接球的技术动作，培养团队意识。

游戏时间： 4~6分钟。

游戏准备： 篮球场，标志盘若干、篮球若干，球车2个。

组织形式： 适合多人游戏。将标志盘分成2组，呈"之"字形摆放，距离根据参与游戏的学生的传球能力进行调整，球车摆在最后，篮球摆在最前。将所有学生平均分成2组，面对面站在标志盘后面。

游戏步骤

计时开始后，第1名学生以"之"字形的路线开始传球，传到最后一名学生手上后，学生将球传入球车内。

第1名学生在传球结束后，迅速捡起第2个篮球传出，以此循环。率先传球结束的队伍结束计时，所有学生停止传球，计算得分。

游戏规则

获胜条件： 如果用时相同，则进球多的队伍获胜；如果进球数相同，则用时少的队伍获胜。

注意事项： 传球时集中注意力，避免被球砸到；若传球失误，不需要捡球，继续传下一个球。

游戏要点

传球的力度要适中，确保其他学生能够接住，最后一名学生传球一定要准。

游戏变式

可以采取不同的传球方式进行游戏，强化学生传球技术，最后的球车可以换成学生拿球袋，锻炼学生移动接球的能力。

03 传球风火轮

训练目标: 提高学生在行进间快速传接球的能力,培养团队意识。

游戏时间: 4~6分钟。

游戏准备: 篮球场、8个标志盘、4个篮球。

组织形式: 以篮球场的中心作为圆点,用8个标志盘摆成直径4米和直径9米的内外两个圆,将8名学生分成2组,分别站在标志盘上,站在内圈的学生每人拿1个球。

游戏步骤

计时开始后,站在内圈的学生顺时针绕圈跑动,站在外圈的学生逆时针绕圈跑动,同时内圈向外圈传球。

传出且接住算成功一次,以此循环。比赛结束,所有学生停止传接球,计算得分。

游戏规则

获胜条件: 如果用时相同,则传接球多的小组获胜;如果传接球数相同则失误少的小组获胜。

注意事项: 传球时集中注意力,避免被篮球砸到,若传接球失误,需要将球捡回来,再进入下一回合的传接球。

游戏要点

传球的力量要适中,确保小组成员能够接住,4人可以通过统一口令,同时完成传球,避免失误。

游戏变式

可以采取不同的传球方式进行游戏,提高学生传球水平,可以在游戏中根据老师吹哨的指令改变跑动方向,提高学生的反应速度。

04 空中隧道

训练目标： 提高学生的传球力度和准确性，了解传球时球在空中的飞行路线。

游戏时间： 4~6分钟。

游戏准备： 篮球场、6个标志盘、呼啦圈、2个篮球。

组织形式： 适合多人参加。将6个标志盘摆成一条直线，每个标志盘间隔2米。将所有学生分成2组参加比赛，每组学生两两结合，一人为传球手，一人为接球手，分别站在第一和最后一个标志盘的位置，在小组其他成员中选出4名学生手拿呼啦圈，分别站在第2~5个标志盘上，将呼啦圈举过头顶。

游戏步骤

传球的学生可以根据自己的能力选择呼啦圈的个数和位置，只可以在第一个标志盘外传球。

传球人需要通过空中的呼啦圈将球传出。如果篮球穿过呼啦圈后能被接球的学生接住，则得分，积分数为选择的呼啦圈个数。小组全部完成后统计得分。

游戏规则

获胜条件：接球的学生接住穿过呼啦圈后的篮球，则获得单回合胜利并得分，积分多的小组获胜。

注意事项：手举呼啦圈的学生要集中注意力，避免被球砸到。篮球未穿过所有呼啦圈或穿过呼啦圈但没有被接球的学生接住，不能得分。

游戏要点

根据自己的能力选择呼啦圈的个数并尽量选择靠近自己的位置，传球的力量要适中，确保球穿过呼啦圈且同组的其他学生还能够接住。

游戏变式

可以采取不同的传球方式进行游戏，提高学生传球水平。

05 精确打击

训练目标: 提高学生原地双手胸前传接球的速度、准确性。

游戏时间: 4~6分钟。

游戏准备: 篮球场、2个标志桶、2个篮球、2个标志贴。

组织形式: 适合多人参加。将标志贴根据队员的传球能力贴在篮球场墙壁适当高度处,标志桶与标志贴放于一条直线上并保持4~5米的距离。将所有学生分成2组,前后站立于标志桶后面,面对标志贴,第1名学生拿篮球。

计时开始后,第1名学生将球传向标志贴所在位置。篮球击中标志贴后反弹回来,传球的学生将球接住则成功1次。

以此循环,完成10次后将球交给下一名学生继续,然后站到队尾。本组学生全部完成传球之后,第1名学生将球高高举起,计时结束。

游戏规则

获胜条件:传球用时最短的小组获胜。

注意事项:传球没有击中标志贴的次数不算;篮球击中标志贴后反弹落地的次数不算;没有接住篮球的次数不算。接球人要集中注意力,避免受伤。

游戏要点

注意传球技术要点,手指指向传球方向。增加传球力量,保证传球速度,避免篮球反弹后落地。

游戏变式

可以采取不同的传球方式进行游戏,强化学生传球技术,增加传球距离,以提高难度。

06 夹缝穿梭

训练目标： 巩固和提高各种原地传球的动作质量、速度以及准确性。

游戏时间： 3~5分钟。

游戏准备： 篮球场、4个标志桶、2个篮球、2个呼啦圈。

组织形式： 适合多人参加。将2个标志桶呈直线摆放，距离为5~8米，另外一组标志桶摆放方式相同，两组之间间隔1.5米。将所有学生平均分为2组，每组分成2队，面对面以迎面接力的形式站在标志桶后面。其中一组的第1名学生拿球，老师站在2组之间，双手侧平举起呼啦圈。

计时开始后，第1名学生将球穿过呼啦圈传向对面的第1名学生，传球完毕后迅速跑到对面小组末尾。

接球的学生接住篮球，同时喊出"1"，之后迅速将球穿过呼啦圈传给对面的第1名学生。传球结束后跑到对面小组末尾，以此循环。

计时结束，计算传球次数。

游戏规则

获胜条件： 传球次数多的小组获胜。

注意事项： 传球没有穿过呼啦圈的次数不算；传球过程中出现落地的次数不算；接球的学生没有接住篮球的次数不算。接球的学生要集中注意力，避免受伤。

游戏要点

注意传球技术要点，手指指向传球方向，使球准确穿过呼啦圈。增加传球力量，保证传球速度，避免篮球反弹后落地。

游戏变式

可以采取不同的传球方式进行游戏，强化学生传球能力，呼啦圈可以上下移动，增加传球难度。

07 三关追逐赛

训练目标： 巩固和提高学生行进间传球的技术。

游戏时间： 3~5分钟。

游戏准备： 篮球场、6个标志桶、2个篮球。

组织形式： 适合偶数名学生参加。将6个标志桶分别摆放在两条罚球线和中线两端，选择6名学生分别站在6个标志桶后传球，其他学生分成2组，人员交叉站在底角位置排成一队（如己方按照友、敌、友站队；对方按照敌、友、敌站队）。

游戏步骤

游戏开始后，两端的第1名学生将球传给站在罚球线上的接球的学生，传球后迅速向前跑动，接球的学生将球传回给对方。

学生接球后再将球传给中线接球人，以此循环。

学生在接到从罚球线传来的球后上篮，然后将球传给小组的其他学生。

其他成员重复以上步骤。

游戏规则

获胜条件：通过传球追上对方小组的成员。

注意事项：传球人要选择传球技术好的学生；传球不到位导致接球人接不到球的需要传球的学生自己去捡球；上篮不进和出现上篮技术犯规的学生都需要补篮；追逐过程中不需要抓住对方，超过即可。

游戏要点

注意传球技术要点，准确将球传到接球人手中。尽量在不出现失误的前提下加快速度。

游戏变式

可以采取不同的传球方式进行游戏，强化学生传球能力，可以进行弱侧手上篮，增加游戏难度。

08 追击之王

训练目标： 提高长传球的准确性，巩固单手长传球技术。

游戏时间： 3~5分钟。

游戏准备： 篮球场、8个标志桶、2个篮球、1个呼啦圈。

组织形式： 适合多人参加。将呼啦圈悬挂在墙上，圆心离地面2米的距离。8个标志桶分别摆放在距离呼啦圈8米处，间隔1米。将学生分为若干小组单独比赛。

游戏步骤

游戏开始后，学生站在第1个标志桶后，将手中的篮球传向呼啦圈，每人有2次机会，2次都没有击中的学生被淘汰，其他学生站在第2个标志桶后继续传球。以此循环，直至每组剩余最后一人，再次进行比拼。

游戏规则

获胜条件：最后一名学生成为"狙击之王"。

注意事项：越过标志桶完成传球、球反弹后触碰呼啦圈，都视作失败。

游戏要点

注意长传球技术要点，增加弧度，以将球准确传到呼啦圈中。

游戏变式

可以采取不同的长传球方式进行游戏，强化学生长传球能力，可以进行弱侧手长传球，增加游戏难度。

09 不运球的篮球赛

训练目标： 提高学生传球及团队合作能力、拓宽学生的视野。
游戏时间： 8~10 分钟。
游戏准备： 篮球场、1 个篮球、2 种颜色的标志坎肩各 5 个。
组织形式： 适合多人进行。每 5 人一组进行循环赛。

游戏步骤

老师发出指令后，学生以篮球比赛的形式和规则进行比赛。比赛规定不能运球。学生将球投入对方篮筐获得 1 分。

以此循环，比赛结束，计算得分。

游戏规则

获胜条件：在规定时间内得分高的小组获胜。
注意事项：遵守篮球比赛规则，避免走步。

游戏要点

以积极的跑动替代运球推进，寻找空位接球和投篮。

游戏变式

可以增加 1 次运球或只用左手运 1 次球。

10 击掌传球

训练目标: 提高学生的反应能力。

游戏时间: 3~5 分钟。

游戏准备: 篮球场、1 个篮球。

组织形式: 适合多人进行。先选出 1 人作为传球手,其他学生围成一个直径 9 米左右的圆,传球人手持篮球站在圆心。

游戏步骤

老师发出指令后,传球的学生开始向其他学生传球。接球的学生在接球前,必须先击 1 次掌,如果接球人未击掌直接接球,则接受惩罚后进入圆心与传球的学生进行角色互换。传球的学生站到接球学生的位置接球。

以此循环。

游戏规则

获胜条件: 接球的学生若未按规定击掌接球,则进行角色互换,游戏结束时,未站在圆心的学生获胜。

注意事项: 如果传球的学生未将篮球传给接球的学生,而接球的学生击了掌,则角色互换。接球的学生集中注意力,避免受伤。根据学生的年龄大小选择传球的速度,由慢到快,给接球的学生反应的时间。

游戏要点

接球的学生将双手放在胸前,随时准备击掌接球;传球的学生可以通过假动作诱导接球人击掌。

游戏变式

可以改变接球学生接球前的动作或规定传球学生的传球动作,增加游戏难度。

(11) 传球抓人

训练目标： 提高学生的传球能力和跑动选位能力。

游戏时间： 8~10 分钟。

游戏准备： 篮球场、1 个篮球。

组织形式： 适合多人进行。先选出 2 人作为抓捕者，其他学生作为逃跑者在篮球场内自由穿梭、躲避。

游戏步骤

老师发出指令后，抓捕的学生在行进间传球移动，通过跑动靠近逃跑的学生，双手持球触碰对方。

被触碰到的学生加入抓捕者的行列，对逃跑的学生进行抓捕。

以此循环，直至所有逃跑者都被抓到。

游戏规则

获胜条件：在规定时间内，抓捕的学生将逃跑的学生全部抓住则获胜。

注意事项：抓捕的学生在抓捕过程中不得将手中的篮球砸向逃跑的学生，避免受伤。

逃跑的学生在逃跑过程中不得抢断抓捕学生的传球，如违反规定则自动加入追捕者行列。

逃跑的学生必须在篮球场内躲避，不得跑出篮球场，否则算作自动加入追捕者行列。

游戏要点

抓捕的学生要有宽阔的视野和敏捷的传球速度，以便在跑动中能迅速将球传到周围有逃跑学生的抓捕学生手上，避免错失抓捕机会。

逃跑的学生要注意观察抓捕学生的位置，提前躲避以免被抓到。

游戏变式

可以让抓捕的学生运一次球，扩大其攻击范围；规定逃跑的学生在逃跑过程中可以抢断抓捕学生的传球，增加游戏难度。

12 耍猴

训练目标： 提高学生的传球能力，增强其抢断球的意识。

游戏时间： 4~6 分钟。

游戏准备： 篮球场、1 个篮球。

组织形式： 适合多人进行。先选出 2 名学生作为"小猴子"站在篮球场中间，其他学生作为"耍猴人"，围成一个直径 6 米的圆。

游戏步骤

老师发出指令后，耍猴人之间开始相互传球。2 只小猴子在圆圈中间进行抢断球。

如果耍猴人在传球的过程中被小猴子抢断，或耍猴人接住球后被小猴子断球，则角色互换，小猴子与耍猴人交换位置。以此循环。

游戏规则

获胜条件： 小猴子将耍猴人的篮球抢断后进行角色互换，游戏结束时，耍猴人获胜。

注意事项： 2 只小猴子中先将球抢断下来的先进行角色互换。

小猴子在抢断球的过程中只能攻击篮球，不得攻击耍猴人身体，避免受伤。

小猴子只要触碰到篮球就进行角色互换。如果耍猴人传球失误，篮球落地，则根据 2 个耍猴人传接球时的失误进行判断，失误较大者先与小猴子进行角色互换。

游戏要点

耍猴人要选择空位进行传球，尽量远离小猴子所在的位置，还要提高传球速度，避免被小猴子抢断。

小猴子们要相互配合，有人负责影响耍猴人传球视线和判断力，有人负责伺机抢断。

游戏变式

变式 1：可以增加耍猴人的传球难度，3 次短传后要进行 1 次长传。

变式 2：可以增加小猴子的数量。

13 四点传球

训练目标： 提高学生快速传球以及传球后迅速跑动的能力。

游戏时间： 4~6分钟。

游戏准备： 篮球场、1个篮球、4个标志盘。

组织形式： 适合5人进行。2人为抢球者，3人为传球者。将4个标志盘摆成一个边长为4米（也可根据学生移动速度设置长度）的正方形，3名传球者任意站在4个标志盘的位置上。

游戏步骤

老师发出指令后，传球的学生开始传球，传球完毕后迅速离开原有标志盘，向空位标志盘移动。

抢球的学生在正方形内进行抢断球，完成抢断后与传球的学生进行角色互换，以此循环。

游戏规则

获胜条件： 抢球的学生将球抢断后与传球的学生进行角色互换，游戏结束时，传球的学生获胜。

注意事项： 2个抢球者中先将球抢断下来的那个先进行角色转换。

抢球的学生在抢断球的过程中只能攻击篮球，不得攻击传球的学生，避免受伤。抢球的学生只要触碰到篮球就与传球的学生进行角色互换。

如果传球的学生传球失误，篮球落地，则根据2个人传接球时的失误进行判断，失误更大者与抢球的学生进行角色互换。

传球的学生可以在4个标志盘的位置上随意移动接球，但是传球结束后必须离开原有标志盘，否则与抢球的学生进行角色互换。

游戏要点

传球的学生要选择空位进行传球，尽量远离周围有抢球学生的位置，还要注意提高传球速度，避免被抢球的学生抢断。抢球的学生要相互配合，有人影响传球学生传球的视线和判断力，有人伺机抢断。

14 抛接球接力

训练目标：提高学生迅速跑动的能力以及专注力。

游戏时间：4~6分钟。

游戏准备：篮球场、2个篮球、4个标志盘。

组织形式：适合多人进行。将所有学生分成2组进行接力，将4个标志盘摆成2条平行线，每条长度为2米（根据学生的移动速度设置长度）。每一组第1名学生手持篮球站在1个标志盘前，与其余学生相对，其余学生排成一列，站于另一侧标志盘后。

游戏步骤

老师发出指令后，第1名学生向上抛球，球的高度不得高于头顶，抛完球后迅速跑向对面标志盘所排队伍的队尾。

第2名学生集中注意力，看到第1名学生向上抛球后，迅速接住，再迅速向上抛出，转身返回队尾，以此循环。

游戏规则

获胜条件：率先接球达到规定次数的小组获胜。

注意事项：如果接力过程中出现接球失误，则由失误的学生向上抛球，重新计数。

学生向上抛球的高度不得超过规定的高度（不得高于头顶），否则重新计数。

接球过程中注意不要踩到标志盘，以免滑倒受伤。

游戏要点

接球人要集中注意力，看到上一名学生向上抛球后迅速启动将球接住。

游戏变式

可以降低抛球高度，增加游戏难度，提高学生的启动速度和专注度。

15 按号传球

训练目标： 提高学生的传球速度、跑位能力，增强其抢断球的意识。

游戏时间： 4~6分钟。

游戏准备： 篮球场、1个篮球、2套颜色不同的连号号码服。

组织形式： 适合多人进行。8个人进行游戏，4人为一组。穿上2种颜色的号码服在篮球场内进行传球游戏。

游戏步骤

篮球场中圈跳球开始后，先拿到球的小组开始传球，未拿到球的小组进行防守和抢断。

传球的学生通过积极跑动传球，每成功传球1次积1分；防守的学生进行防守，抢断球后角色互换，每成功传球1次积1分。

游戏规则

获胜条件：规定时间内累计积分多的小组获胜。

注意事项：游戏过程中必须是号码相同的两人进行进攻和防守，如出现对位错误，则传球的学生多累计1分。

传球的学生在传球过程中，按照号码进行传球，即1→2、2→3、3→4、4→1，如传错队友，则由另一组于边线发球。

防守的学生在抢断后也要按照号码顺序传球，如果传错队友，则由另一组于边线发球。

游戏要点

传球的学生要集中注意力，观察篮球和其他学生所处位置，看到上一个号码的学生接到球后，迅速跑动寻找接球机会；接住球后，迅速寻找下一个号码队友的位置，将球传出。

16 千难万险

训练目标： 提高队员脚步移动、反应及专注能力。

游戏时间： 3~5 分钟。

游戏准备： 空场地、篮球若干。

组织形式： 适合多人进行。学生两两一组，分为若干组。两人相距 2~3 米站立，一人持球，一人降低重心，准备开始。

游戏步骤

教师发出指令后，持球学生把球抛向空中任意方向。准备接球的学生调整步伐主动接球，接到球后把球回传给同组学生（抛接球 10~15 次）。接球学生完成任务后，两人角色互换，直至所有学生完成抛接球。

游戏规则

在抛接球的过程中球不能落地，根据学生的能力规定抛球高度以及方向。

获胜条件：在抛接球过程中，球没有落地且所有学生按规则完成比赛的组获得胜利，如果出现失误则该组接受惩罚。

17 两人三球

训练目标： 提高学生手眼协调、反应能力
和专注力。

游戏时间： 3~5分钟。

游戏准备： 空场地、篮球若干。

组织形式： 适合多人进行。将学生按两两
一组分为若干组。两人相距
2~3米站立，一人手持2球，
一人手持1球，准备开始。

游戏步骤

教师发出指令，计时开始，持2个球的学生把任意1个球传向持1个球的学生。在接到空中传来的球之前，该学生要把手里持的1个球传向持2个球的学生。

以此循环，直至有人出现失误，失误后同组的两人接受惩罚，游戏继续。计时结束，游戏结束。

游戏规则

在抛接球过程中，球不能落地，如果出现失误则同组的2人接受惩罚。

获胜条件：在抛接球过程中球没有落地且完成比赛的组获得胜利。

18 球追球比赛

训练目标： 提高学生的传球速度。

游戏时间： 4~6分钟。

游戏准备： 篮球场、2个篮球、6个标志桶、红蓝标志坎肩各4件。

组织形式： 适合多人进行。8人为一组进行比赛，每4人穿同颜色的标志坎肩，红蓝两组各选出一人，手持篮球背对背站在篮球场中圈处。将6个标志桶摆放在中圈上，红蓝两队其余的学生交错站在6个标志桶后，面对中圈的学生。

游戏步骤

游戏开始后，中圈内红蓝两组的学生将球传给对面穿相同颜色标志坎肩的队友，队友接住球后将球传回给中圈内的学生；中圈内的学生再将球传给下一名穿相同颜色标志坎肩的队友，以此循环。

两组按照顺时针方向传球，并进行速度比赛，直到其中一方被超越，游戏结束。中圈内外的队员交换位置，以此循环，直到四人全部到中圈进行过游戏后，比赛完成。

游戏规则

按照老师的要求传球，传球过程中不得干扰其他学生。本组学生将球传给对方则游戏失败。

获胜条件：站在中圈内的2名学生相互追逐，超越的学生获得胜利。

注意事项：传球的学生要集中注意力，不要被球砸到，避免受伤。

游戏变式

变式1：改变传球方式或传接球双方都拿球互传。

变式2：中圈外的学生接到球后，运球到中圈与中圈内的学生交换位置，将球传给下一个学生，以此循环，以增加游戏难度。

19 3人8字传球

训练目标: 提高学生行进间传球跑位的能力,增强学生团队配合的意识。
游戏时间: 4~6 分钟。
游戏准备: 篮球场、1 个篮球。
组织形式: 适合多人进行。每 3 人一组,在底线处分散站立,中间的学生手拿篮球准备。

游戏步骤

计时开始,中间的学生走到篮筐下,将球抛向篮板,然后接住篮球。两侧的学生看到后,背对边线侧身加速跑,中间的学生接住篮球后,向右侧的学生传球,传球结束后向右侧跑动,右侧学生接球后将球传给左侧学生,然后向左侧跑动。左侧的学生接球后向右侧传球,再向右侧跑动,以此循环,以上篮进球结束。

上篮的学生不用管球,只需向相反方向跑去,由中间人接球,接完球后继续向右侧传球,再以同样的传球方式返回,以上篮进球结束。

游戏规则

在传球的过程中不要走步,如果出现传球失误,应回到失误位置继续传球。

获胜条件:传球上篮用时短的小组获胜。

注意事项:游戏中要集中注意力,避免被球砸到受伤。

游戏要点

在游戏过程中,要张嘴说话,要求队友注意自己跑动的位置和方向。

第5章
投篮篇

01 上篮接力

训练目标： 提高学生快速运球上篮的稳定性。

游戏时间： 3~5 分钟。

游戏准备： 篮球场、2 个篮球。

组织形式： 适合多人进行。将学生平均分为 2 组，每组分 1 个篮球。2 组分别于中线与边线的交点处，面对篮筐排成一队站立，准备开始。

游戏步骤

计时开始，教师发出指令，运球人加速运球上篮。

两队第 1 名学生向底线运球，上篮进球后运球返回，没进则补进。

球进后迅速运球向起点跑去，交给下一名队员继续完成上篮。

以此循环，直至游戏结束。

游戏规则

启动以及上篮时不能走步，上篮不进要把球补进才能继续进行游戏，回传给队友时必须手递手。

获胜条件：率先完成上篮接力的组获得胜利。

游戏变式

可以进行"V"字上篮，也可以左右手各完成一次上篮进行接力。

02 追逐战

训练目标： 提高学生加速运球的能力以及快速运球上篮的稳定性。

游戏时间： 5~8 分钟。

游戏准备： 篮球场、篮球若干。

组织形式： 适合多人进行。将学生分为两两一组（若干组），每组分 1 个篮球。进攻的学生持球站于罚球线位置，防守的学生无球站于底线位置，准备开始。

游戏步骤

老师发出指令后，持球的学生开始加速运球上篮，防守的学生加速拦截。进攻结束后，互换身份。以此循环，直至游戏结束。

游戏规则

启动以及上篮时不能走步，可以以任何形式上篮。

获胜条件：进攻的学生在到达对面罚球线之前，摸到防守的学生或防守的学生上篮不中，则防守成功，反之则防守失败，失败者接受惩罚（如深蹲、俯卧撑等）

游戏变式

变式 1：可以缩短进攻的学生和防守的学生之间的距离。

变式 2：可以让进攻的学生和防守的学生之间进行一次传球（防守的学生传给进攻的学生）。

变式 3：可以以团队赛的形式积分，失败的小组接受惩罚（如全队折返跑等）。

03 动如脱兔

训练目标： 提高学生反应能力及快速上篮的稳定性。

游戏时间： 4~7 分钟。

游戏准备： 篮球场、篮球若干。

组织形式： 适合多人进行。将学生平均分为两组，每小局每组各派出 1 名学生参赛。每人分 1 个篮球。2 人坐在中线旁，篮球放在中圈上，背对篮筐和篮球，准备开始。

游戏步骤

老师发出指令，两人迅速转身拿球加速上篮，如果没进则补进，进篮后结束本局。

以此循环，直至两组所有人完成比赛。

游戏规则

启动以及上篮时不能走步，可以以任何形式上篮。

获胜条件：率先完成上篮的学生获胜，积 1 分；游戏结束后，累计得分高的小组获得最终胜利，失败的小组接受惩罚。

游戏变式

可以将坐改为规定动作（如小碎步、高抬腿等）

04 反应抢球

训练目标： 提高学生快速运球上篮过程中的稳定性。

游戏时间： 5~8 分钟。

游戏准备： 篮球场、1 个篮球。

组织形式： 适合多人进行。将学生平均分成 2 组，于篮球场中线两侧面对面一字排开，每组学生按照顺序进行编号排位。

游戏步骤

游戏开始后，老师喊号后抛球，被叫到编号的学生迅速做出反应。其中一人拿到球后迅速持球上篮，没有抢到球的学生快速进行防守。以此循环，直至游戏结束。

游戏规则

在争抢球的过程中不能拉拽和推搡对手，运球上篮的过程中可以合理调动身体部位。

获胜条件：率先完成上篮的学生得分，所在小组积 1 分。

规定轮次结束后，累计得分高的小组获得最终胜利，失败的小组接受惩罚。

游戏变式

可以以"加减乘除"的形式进行喊号。

05 抛板

训练目标： 增强学生的抢篮板和补篮意识。

游戏时间： 4~6 分钟。

游戏准备： 篮球场、1 个篮球、1 个标志桶。

组织形式： 适合多人进行。所有学生站成一排，根据学生能力选择与篮板之间的距离，同时在队尾后任意距离摆放 1 个标志桶。

游戏步骤

游戏开始后，由排第 1 位的学生向篮板方向抛出篮球，然后迅速绕过标志桶跑到队尾。第 2 名学生在球未落地前接球，再迅速抛出，绕过标志桶后跑到队尾。以此循环，直至所有学生全部完成抛板传接，且未出现任何失误，游戏结束。

游戏规则

在抛板接球过程中不能让球掉落在地上；每次抛板必须让球接触篮板；接球失误的学生接受小惩罚，然后回到队尾继续游戏。

06 篮板后投篮

游戏步骤

老师发出指令，游戏开始，每组排第1位的学生从各边篮板后向篮筐方向投篮。投完篮后快速移动抢篮板球，然后到队尾排队。

以此循环，直至两组所有人投完，游戏结束。

游戏规则

投篮时必须站在篮板后，不能以任何形式到篮板前投篮。

获胜条件：命中次数多的小组获胜。

07 金球制胜

训练目标：提高学生的罚球稳定性，增强
　　　　　其团队意识。
游戏时间：6~9分钟。
游戏准备：篮球场、1个篮球。
组织形式：适合多人进行。学生在罚球线
　　　　　前面对篮筐站成一组，排第1
　　　　　位的学生拿1个篮球，准备
　　　　　开始。

游戏步骤

游戏开始后，老师创设情境，假设这是比赛的最后一次罚球，投进则胜利，未投进则打平。

由排第1位的学生开始投篮，投完后回到队尾，由排第2位的学生继续完成投篮。以此循环，直至所有学生罚球结束。

游戏规则

罚篮时不能踩线，投完篮后也不能踩线。

获胜条件：罚球投进则全组获胜，不进则打平，进入"加时赛"（全组进行一
　　　　　次折返跑）。

游戏变式

可以设置情境，在任何位置进行移动投篮。

08 先进为王

训练目标： 提高学生快速运球上篮和运球后投篮的稳定性以及快速判断的能力。

游戏时间： 6~8 分钟。

游戏准备： 篮球场、2 个篮球。

组织形式： 适合多人进行。将学生平均分为 2 组，每组发 1 个篮球。2 组学生分别站在篮球场的两侧底线后，每局 2 组各派 1 名学生参赛，分别持球站在底线处准备开始。

游戏步骤

老师发出指令，游戏开始，2 名持球学生向篮筐方向加速运球，判断场上情况，选择投篮方式，直到有一人投进，一局结束。

以此循环，直至两组所有人投完，游戏结束。

游戏规则

启动以及上篮时不能走步，上篮不进要补进，可以选择任何形式的投篮方式。

获胜条件：率先完成上篮的学生得分，所在小组积 1 分；规定轮次结束后，累计得分高的小组获得最终胜利，失败的小组接受惩罚。

09 互抛投篮

训练目标： 提高学生快速投篮的稳定性。

游戏时间： 5~7 分钟。

游戏准备： 篮球场、2 个篮球。

组织形式： 适合多人进行。将学生平均分为 2 组，每局每组各派出 1 名学生参赛。2 个参赛学生分别站在三分线内的任一位置准备开始。

游戏步骤

老师发出指令，游戏开始，2 名持球的学生同时垂直向上抛球，然后迅速互换位置，接到球后立刻出手投篮。

以此循环，直至两组所有人投完，游戏结束。

游戏规则

向上抛球时必须垂直地抛；交换位置时不能推搡和拉拽对方；接球时不能偷步。

获胜条件：投中篮积 1 分，未投中则不得分。

规定轮次结束后，累计得分高的小组获得最终胜利，失败的小组接受惩罚。

10 投篮比多

训练目标： 提高学生投篮的出手速度和稳定性。

游戏时间： 6~9 分钟。

游戏准备： 篮球场、2 个篮球。

组织形式： 适合多人进行。将学生分成 2 人一组。2 名参赛学生分别站在三分线内限制区外任一位置准备开始。

游戏步骤

老师发出指令，计时开始，在场上参赛的学生开始投篮，投完篮后抢篮板，再退到限制区外继续进行投篮。

以此循环，直至计时结束。

游戏规则

在限制区内的投篮不计数，在抢篮板时不能推搡和拉拽其他参赛学生，不能将其他参赛学生的球击打出界。

获胜条件：计时结束后，投篮命中最多的组获得胜利，其他组接受惩罚。

11 转圈投篮

训练目标： 提高学生投篮的稳定性。

游戏时间： 5~7 分钟。

游戏准备： 篮球场、2 个篮球。

组织形式： 适合多人进行。将学生平均分为 2 组，每局每组各派出 1 名学生参赛。2 名学生分别站在罚球线两端准备开始。

游戏步骤

老师发出指令，游戏开始，2 名持球的学生同时抱球转三圈，转完圈后立刻出手投篮。

投中者得分，如未投进，则立即捡球回到投篮位置继续投篮。

以此循环，直至两组所有人投完，游戏结束。

游戏规则

转圈速度要适中，转的圈数不能少。在投篮抢篮板时不能推搡和拉拽其他学生，不能将其他学生的球击打出界。

获胜条件：率先投中篮积 1 分；规定轮次结束后，累计得分高的小组获胜，失败的小组接受惩罚。

游戏变式

可以变换投篮前的规定动作（如开合跳、收腿跳等）。

(12) 摘星采月

训练目标： 提高学生投篮的稳定性以及团队凝聚力。

游戏时间： 5~7分钟。

游戏准备： 篮球场、2个篮球、2个大标志桶、2个小标志桶、2个标志盘。

组织形式： 适合多人进行。将学生平均分为2组，2组学生站在底线准备，排第1位的持球。按照相同距离远近摆放标志桶，同时给标志桶赋分，大标志桶5分，小标志桶3分，标志盘2分。

游戏步骤

老师发出指令，游戏开始，排头持球学生可以选择任一标志桶指定位置进行投篮，每人每次只有1次机会。

球进后，拿走标志物对应的标志桶。如果球没进，则快速抢篮板球交给下一名学生。

以此循环，直至把场上所有标志桶拿完，游戏结束。

游戏规则

不能移动标志桶的位置，必须在标志物指定位置投篮，在投篮抢篮板时不能推搡和拉拽其他参赛学生，不能将其他参赛学生的球击打出界。

获胜条件：率先拿完场上标志物的组获胜，失败的组接受惩罚。

游戏变式

可以增加标志桶，以提升游戏难度。

⑬ 极限挑战

训练目标： 提高学生投篮的稳定性和心理
素质。
游戏时间： 4~6 分钟。
游戏准备： 篮球场、篮球若干。
组织形式： 适合多人进行。学生在罚球线
前面对篮筐站成一列，每人分
1 个篮球，准备开始。

游戏步骤

老师发出指令，游戏开始，由第 1 名学生开始投篮，投进篮后排到队尾，由第 2
名学生继续完成投篮。

以此循环，直至有学生因没有投进球接受惩罚，此轮游戏结束。

游戏规则

第 1 名学生如未投进球，不用接受惩罚；如投进球，则第 2 名学生做 5 个俯卧撑。
如第 2 名学生没有投进，则做 5 个俯卧撑惩罚；如第 2 名学生投进，则第 3 名学生做 5
个俯卧撑。以此类推，直到出现未投进者，接受惩罚，数据清零，游戏重新开始。

罚篮时不能踩线，投完篮后也不能踩线。

在投篮时不能与投篮的学生发生身体接触。

获胜条件：剩下的最后一名学生为最终获胜者，其他学生接受惩罚。

游戏变式

变式 1：可以在球场上不同的位置进行。

变式 2：可以规定不同惩罚动作。

14 抢夺阵地

训练目标： 培养学生的攻防意识，提高学生的跑动能力以及投篮能力。

游戏时间： 6~9 分钟。

游戏准备： 篮球场、1 个篮球、2 个标志桶。

组织形式： 适合多人进行。将学生平均分为 2 组，每局每组各派出 1 名学生参赛。2 名参赛学生分别站在底线与限制区线的交点处，一方进攻，一方防守。2 个标志桶分别放在限制区线的 4 点和 5 点处。

游戏步骤

老师发出指令，游戏开始，进攻的学生和防守的学生同时出发。进攻的学生加速运球到 5 点处的标志桶，绕桶后进攻篮筐；防守的学生加速跑到 4 点处的标志桶，绕桶后直线加速站到防守位置进行防守。

进攻的学生判断防守学生的位置，选择投篮或各种形式上篮。

以此循环，直至两组所有人都完成攻防，游戏结束。

游戏规则

攻守双方必须双脚绕桶后再进行攻防，进攻时不能走步、二运。

获胜条件：进攻方投篮进球积 1 分，反之防守方积 1 分。

规定轮次结束后，累计得分高的小组获得最终胜利，失败的小组接受惩罚。

游戏变式

可以变换标志桶的位置，让学生体会不同位置的回防。

15 争分夺秒

训练目标： 丰富学生上篮的方法，提高学生快速上篮的稳定性。

游戏时间： 4~7 分钟。

游戏准备： 篮球场、2 个篮球、4 个标志桶。

组织形式： 适合多人进行。将学生平均分为 2 组，每局每组各派出 1 名学生参赛，每人发 1 个篮球。4 个标志桶分别放在中线两侧的三分线 45°处。2 人分别站在各自半场的三分线 45°处，准备开始。

游戏步骤

老师发出指令，2 人迅速持球加速上篮。

两组上篮的学生高手上篮，如果没进则补进球，然后加速到另一个三分线 45°处绕桶继续完成高手上篮。以此类推，继续完成 2 个低手上篮。

以此循环，直至两组所有人完成。

游戏规则

启动以及上篮时不能走步，如果没有进球要快速补进才能继续进行上篮。

获胜条件：率先完成上篮的学生得 1 分。

游戏结束后，累计得分高的小组获胜，失败的小组接受惩罚。

游戏变式

可以增加各种形式的上篮动作。

16 抢球进攻

训练目标： 增强学生的攻防意识，提高其快速运球能力和上篮的稳定性。

游戏时间： 4~7分钟。

游戏准备： 篮球场、1个篮球。

组织形式： 适合多人进行。将学生平均分为2组，每局每组各派出1名学生参赛，2人相隔1米背对底线站立，降重心，准备开始。

游戏步骤

老师向场内高抛球，2名学生进行卡位争抢球。抢到球的学生为进攻方，没有抢到球的学生为防守方。

进攻学生加速运球推进或变向抢占有利位置，防守方跟随进攻方进行积极追击防守。

以此循环，直至两组所有人完成游戏。

游戏规则

争抢球时不能推搡和拉拽对方，持球学生抢到球后启动和上篮不能走步。

获胜条件：进攻方投中篮则进攻方积1分，反之防守方积1分。

游戏结束后，累计得分高的小组获胜，失败的小组接受惩罚。

17 投篮争胜

训练目标： 提高队员脚步移动能力以及快速投篮能力。

游戏时间： 3~5分钟。

游戏准备： 空场地、2个篮球、5个标志桶、1个标志盘。

组织形式： 适合多人进行。将学生两人一组分为若干组。5个标志桶排成一排放在三分线的位置，标志盘扣在中间的标志桶上。2名学生持球在罚球线两端站立，降低重心，准备开始。

游戏步骤

老师发出指令后，2名学生进行投篮，谁投进篮就把标志盘向自己方向的标志桶移动一格，然后继续投篮。

以此循环，看哪个队员先把标志盘扣到自己方向的最后一个标志桶上。

游戏规则

在投篮时不能踩线违例，移动标志盘时不能多移动。

获胜条件：率先完成的学生获得胜利，输的学生接受惩罚。

游戏变式

变式1：可以增加标志桶的数量。

变式2：可以在任何位置进行投篮。

18 占领限制区

训练目标： 培养学生的攻防意识，提高其抢篮板球能力以及投篮能力。

游戏时间： 6~9 分钟。

游戏准备： 篮球场、3 个篮球。

组织形式： 适合多人进行。将学生平均分为 3 组，每局每组各派出 1 名学生参赛。1 名防守的学生站在限制区内，2 名进攻的学生持球站在中场线。准备开始。

游戏步骤

老师发出指令，游戏开始，2 名进攻的学生从中线出发。防守的学生在对方攻入限制区前进行拦截，进攻的学生判断防守者位置，选择投篮或各种形式的上篮，如果进攻的学生没有投进，可以抢攻篮板继续进攻，限时 10 秒。

以此循环，直至 3 个组所有人都交换过角色完成攻防，游戏结束。

游戏规则

攻守双方不能相互推搡和拉拽，进攻的学生进攻时不能出现走步、带球等违例动作。

获胜条件：在限制时间内进攻方投中篮积 1 分，反之防守方积 1 分。

规定轮次结束后，累计得分高的小组获得最终胜利，失败的小组接受惩罚。

19 死里逃生

训练目标： 培养学生的攻防意识，提高其跑动能力以及上篮能力。

游戏时间： 6~9分钟。

游戏准备： 篮球场、1个篮球、4个标志桶。

组织形式： 适合多人进行。标志桶摆放在三分线弧顶的延长线和中线上，呈一个大正方形。将学生平均分为2组，每局每组1名学生。2名学生站在正方形相对的两条边上，持球一方为进攻者，另一方为防守者，准备开始。

游戏步骤

老师发出指令，游戏开始，防守的学生在标志桶左侧追击进攻的学生。进攻的学生运球在标志桶右侧逃脱，当防守的学生追到身后时立即加速上篮，上篮结束后，两人互换身份。

以此循环，直至两组所有人都完成攻防，游戏结束。

游戏规则

攻守双方必须在标志桶左右侧移动，不能穿过标志桶。持球的学生运球上篮时不能出现走步、二运。

获胜条件：进攻方投中篮积1分，反之防守方积1分。

规定轮次结束后，累计得分高的小组获胜，失败的小组接受惩罚。

20 定点投篮

训练目标：提高学生定点投篮的稳定性。

游戏时间：4~6 分钟。

游戏准备：篮球场、篮球若干、1 个标志桶。

组织形式：适合 3 至 5 人游戏。每人手持篮球，前后站立在三分线弧顶的位置，第 1 名学生手拿 1 个标志桶，老师则站在篮下准备。

游戏步骤

游戏开始后，第 1 名学生边运球边用手推动标志桶，到达老师所在的位置。老师接过标志桶后，将标志桶滑动到三分线内任意位置。学生运球跑到标志桶所在位置进行投篮，然后抢篮板，拿到篮球后站回队尾。

第 2 名学生注意观察，待上一名学生投篮结束后，迅速运球到标志桶所在位置，将标志桶推到老师面前。老师再次将标志桶推向其他位置，学生运球跑到标志桶所在位置进行投篮、抢篮板。

以此循环，直到 3 分钟时间结束。

游戏规则

游戏中推动标志桶和运球跑动都不能抱球或干扰其他学生投篮。

获胜条件：3 分钟内进球次数多的学生获胜。

游戏要点

投篮时要注意投篮技术的动作要点。